Burnout besiegen

LEONARDO TAVARES

Burnout besiegen

BURNOUT BESIEGEN

© Copyright 2023 - Leonardo Tavares

Alle Rechte vorbehalten. Kein Teil dieses Buches darf reproduziert, in einem Abrufsystem gespeichert oder in irgendeiner Form – elektronisch, mechanisch, durch Fotokopieren, Aufzeichnen, Scannen oder auf andere Weise – übertragen werden, außer durch kurze Zitate in kritischen Rezensionen oder Artikeln, ohne vorherige schriftliche Genehmigung des Herausgebers.

Unter keinen Umständen kann dem Herausgeber oder Autor eine Schuld oder rechtliche Haftung für Schäden, Entschädigungen oder finanzielle Verluste zugeschrieben werden, die sich aus den in diesem Buch enthaltenen Informationen ergeben, sei es direkt oder indirekt.

Impressum:

Dieses Buch ist urheberrechtlich geschützt. Es ist nur für den persönlichen Gebrauch bestimmt. Ohne die Zustimmung des Autors oder Herausgebers ist es Ihnen nicht gestattet, Teile oder Inhalte dieses Buchs zu verändern, zu verbreiten, zu verkaufen, zu verwenden, zu zitieren oder zu paraphrasieren.

Haftungsausschluss:

Bitte beachten Sie, dass die hierin enthaltenen Informationen ausschließlich Bildungs- und Unterhaltungszwecken dienen. Es wurden alle Anstrengungen unternommen, genaue, aktuelle und zuverlässige Informationen bereitzustellen. Es wird keine Gewährleistung irgendeiner Art angegeben oder impliziert. Die Leser erkennen an, dass der Autor keine rechtliche, finanzielle, medizinische oder andere professionelle Beratung anbietet. Der Inhalt dieses Buches wurde aus verschiedenen Quellen abgeleitet. Konsultieren Sie einen lizenzierten Fachmann, bevor Sie die in diesem Buch beschriebenen Techniken ausprobieren.

Durch die Lektüre dieses Dokuments erklärt sich der Leser damit einverstanden, dass der Autor unter keinen Umständen für direkte oder indirekte Verluste verantwortlich ist, die durch die Verwendung der in diesem Dokument enthaltenen Informationen entstehen, einschließlich, aber nicht beschränkt auf Fehler und Auslassungen oder Ungenauigkeiten.

Alle unsere Bücher durchlaufen umfangreiche Qualitätsprüfungen. Sollten Sie in diesem Buch dennoch Tipp- oder Satzfehler finden, freuen wir uns über einen entsprechenden Hinweis an realleotavares@gmail.com

Dieser Titel kann in großen Mengen für kommerzielle oder pädagogische Zwecke erworben werden. Für weitere Informationen senden Sie bitte eine E-Mail an realleotavares@gmail.com.

Erster Eindruck 2023.

Möge dieses Buch eine herzliche Umarmung sein,
Eine Erleichterung für Ihre müde Seele,
Möge es Gewissheit bringen,
Dass das Burnout überwunden werden kann
Durch Selbstfürsorge und Ausgeglichenheit.

Es gibt keine ewige Erschöpfung,
Denn die Verbindung, die wir mit unserer eigenen Essenz haben,
Übersteigt die Erschöpfung, überwindet die Widrigkeiten,
Und wird zu einer unerschöpflichen Quelle
der Erneuerung und Stärkung.

Möge Ihre Müdigkeit in Vitalität umgewandelt werden,
Und mögen die Erfahrungen ein Schatz des Lernens sein,
Mögen Ihre Tränen durch Selbstmitgefühl getrocknet werden,
Und möge das Licht den Weg erhellen
Für diejenigen, die gegen das Burnout kämpfen.

Dieses Buch ist eine Hommage
an all diejenigen, die bereits gegen das Burnout gekämpft haben,
Und an alle, die die Herausforderung der Erschöpfung bewältigen,
Möge es eine Oase des Trostes und der Inspiration sein.

Und dass, auch in den herausforderndsten Momenten,
Mögen wir die Kraft und Entschlossenheit finden
Weiterzugehen, um unser Wohlbefinden zu ehren,
Die gelernten Lektionen und um unser Leben zu leben
Mit Ausgeglichenheit, Dankbarkeit und Widerstandsfähigkeit.

INHALT

Vorwort 11
1. Einleitung 13
   Was ist Burnout 13
   Eie Burnout das Leben der Menschen beeinflusst 16
   Die Bedeutung der Erkennung und Behandlung von Burnout 18

2. Symtome von Burnout 20
   Körperliche Symptome von Burnout 20
   Emotionale Symptome von Burnout 25
   Verhaltenssymptome von Burnout 29

3. Ursachen von Burnout 34
   Individuelle Faktoren 34
   Berufsbezogene Faktoren 37
   Ungleichgewicht zwischen Beruf und Privatleben 41
   Unrealistische Erwartungen 44
   Mangel an Unterstützung am Arbeitsplatz 47

4. Die Erkennung von Burnout 51
   Wie man sein Burnout-niveau bewertet 51
   Fragebögen und selbstbeurteilungstools 61
   Früherkennung von Burnout 68

5. Folgen von Burnout 73
   Auswirkungen auf die physischen und psychischen Gesundheit 73
   Beeinflusste persönliche und soziale Beziehungen 77
   Beeinträchtigte Arbeitsleistung 80
   Langzeitwirkungen 83

6. Burnout-Prävention ... 89
Gesunde Grenzen festlegen ... 90
Entwicklung von Zeitmanagement-Fähigkeiten ... 92
Unterstützung und Ressourcen suchen ... 95
Selbstfürsorge kultivieren ... 98

7. Strategien der Selbstfürsorge ... 102
Körperliche Aktivität ... 102
Gesunde Ernährung ... 106
Entspannungs- und Achtsamkeitsübungen ... 110
Guter Schlaf und angemessene Erholung ... 114
Freizeit und Hobbys ... 116

8. Das Gleichgewicht von Arbeit und Privatleben ... 120
Prioritäten setzen ... 120
Grenzen am Arbeitsplatz setzen ... 123
Die Bedeutung von Urlaub und freien Tagen ... 126

9. Umgang mit Arbeitsstress ... 129
Stressbewältigungstechniken ... 130
Effiziente Kommunikation am Arbeitsplatz ... 133
Strategien für die Aufgabendelegation ... 138

10. Die perfektionistische Denkweise ... 142
Das Verständnis von Perfektionismus ... 142
Überwindung des Perfektionismus ... 145
Die Akzeptanz persönlicher Grenzen ... 148
Entwicklung von Widerstandsfähigkeit ... 150

11. Professionelle Unterstützung suchen ... 154
Therapie und Beratung ... 154
Karrierecoaching ... 159
Soziales Unterstützungsnetzwerk ... 163

12. Erholung von Burnout **167**
   Realistische Ziele setzen 167
   Die Bedeutung der Feier kleiner Erfolge 172
   Das Leben nach dem Burnout wiederaufbauen 175

Fazit **181**
Über den Autor **183**
Literatur..**185**

VORWORT

Das moderne Leben gleicht einer kurvenreichen Straße, gespickt mit Kreuzungen und engen Kurven. Während wir in unseren Karrieren voranschreiten und unsere Träume verwirklichen und bedeutsame Beziehungen pflegen, riskieren wir, auf eine stille Bedrohung zu stoßen, einen Abgrund namens Burnout.

"Burnout besiegen" ist eine zutiefst menschliche Erfahrung, eine Reise durch die Komplexitäten dieses zunehmend verbreiteten Zustands, der weder nach Rasse, sozialem Status noch Beruf unterscheidet. Dieses Buch ist ein mitfühlender Leuchtturm, entworfen, um den Weg zu erhellen, den Burnout zu verstehen, zu verhindern und daraus hervorzugehen.

In den folgenden Seiten finden Sie einen Leitfaden zur Selbstentdeckung. Wir beginnen unsere Reise mit einem tiefen Eintauchen in den Burnout, ein Abtauchen in die aufgewühlten Gewässer des Verständnisses. Wir werden die Geheimnisse der oft übersehenen Frühwarnzeichen entschlüsseln und Sie befähigen, sie auf Ihrem eigenen Weg zu identifizieren. Gemeinsam werden wir die essenziellen Werkzeuge zur Prävention erlernen – das Festlegen gesunder Grenzen, die kluge Stressbewältigung und die Stärkung unseres emotionalen Wohlbefindens.

Bereiten Sie sich auf eine Reise der Selbstentdeckung und Transformation vor. Burnout kann überwunden werden, und ich bin hier, um Ihnen auf diesem anspruchsvollen Weg zu helfen.

Viel Spaß beim Lesen.

Mit Dankbarkeit,

Leonardo Tavares

1
EINLEITUNG

Wie der Beginn eines neuen Tages startet diese Reise mit dem Versprechen von Erneuerung und Hoffnung.

Stellen Sie sich vor, Sie sind ständig erschöpft, emotional ausgelaugt und völlig unmotiviert. Jeder Arbeitstag fühlt sich wie eine epische Schlacht an, und der einfache Gedanke, Ihren täglichen Verpflichtungen nachzukommen, löst Verzweiflung aus. Wenn Sie sich jemals so gefühlt haben, könnten Sie mit dem konfrontiert sein, was als Burnout bekannt ist. Dies ist ein ernsthaftes Problem, das die Lebensqualität von Millionen von Menschen jedes Jahr beeinflusst. In diesem Buch werden wir Burnout eingehend erkunden, verstehen, was es ist, wie es das Leben der Menschen beeinflusst und vor allem, wie man es effektiv erkennt und bekämpft.

WAS IST BURNOUT

Bevor wir uns ausführlich mit dem Thema Burnout befassen, ist es wichtig zu verstehen, was genau das bedeutet. Der Begriff "Burnout" wird oft allgemein verwendet, um einen Zustand extremer Erschöpfung zu beschreiben. Burnout ist jedoch mehr als nur Müdigkeit oder Überlastung; es ist ein komplexes Phänomen, das eine Wechselwirkung von physischen, emotionalen und psychologischen Faktoren umfasst. Der Begriff "Burnout" wurde erstmals in den 1970er Jahren vom Psychologen Herbert Freudenberger geprägt, der ihn als einen Zustand physischer und geistiger Erschöpfung beschrieb, der aus langanhaltendem Engagement in hochstressigen Situationen resultiert. Seitdem hat sich das Konzept von Burnout weiterentwickelt und wurde erweitert, um nicht nur Arbeitssituationen, sondern auch das allgemeine Leben einzubeziehen.

Um Burnout besser zu verstehen, ist es hilfreich, es in drei Hauptkomponenten zu unterteilen:

Emotionale Erschöpfung

Die emotionale Erschöpfung ist der sichtbarste Aspekt des Burnouts. Sie bezieht sich auf einen Zustand intensiver emotionaler Erschöpfung, in dem Sie sich ausgelaugt, energielos und ständig von den Anforderungen von Arbeit und Leben überwältigt fühlen. Menschen mit emotionaler Erschöpfung können sich möglicherweise nicht mehr mit dem Stress und den negativen Emotionen auseinandersetzen.

Entfremdung

Die Entfremdung ist die Tendenz, sich emotional von den Menschen um Sie herum zu distanzieren, insbesondere von denen, mit denen Sie häufig arbeiten oder in Beziehung stehen. Sie können beginnen, Menschen als Objekte oder Zahlen zu behandeln, anstatt als Individuen mit Bedürfnissen und Gefühlen. Dies kann zu emotionaler Isolation und einem Mangel an Empathie führen.

Verminderung des Gefühls der persönlichen Erfüllung

Die dritte Dimension des Burnouts beinhaltet eine Abnahme des Gefühls der persönlichen Erfüllung. Dies bedeutet, dass, selbst wenn Sie Ihre Verantwortlichkeiten weiterhin erfüllen, Sie das Gefühl haben können, dass Ihre Arbeit keine Bedeutung oder keinen Zweck hat. Das Gefühl der Erfüllung und Zufriedenheit, das normalerweise mit Ihren Erfolgen einherging, verschwindet.

Burnout ist keine vorübergehende Bedingung, die einfach durch eine gute Nacht Schlaf oder ein freies Wochenende verschwindet. Im Gegenteil, es handelt sich um einen chronischen Zustand, der sich im Laufe der Zeit aufgrund von Faktoren wie hoher Arbeitsbelastung, anhaltendem Druck und mangelnder angemessener Unterstützung allmählich entwickelt. Es kann jeden betreffen, von Büroangestellten bis hin zu Gesundheitsfachleuten, Lehrern, Künstlern, Eltern und vielen anderen.

WIE BURNOUT DAS LEBEN DER MENSCHEN BEEINFLUSST

Nun, da wir verstehen, was Burnout ist, ist es wichtig zu erforschen, wie dieser Zustand das Leben der Menschen in allen Lebensbereichen tiefgreifend beeinflussen kann. Burnout beschränkt sich nicht nur auf die Arbeitswelt; er kann in alle Lebensbereiche eindringen und nachhaltige Auswirkungen haben. Lassen Sie uns untersuchen, wie Burnout verschiedene Lebensbereiche beeinflussen kann:

Körperliche und psychische Gesundheit

Burnout kann schwerwiegende Auswirkungen auf die körperliche und psychische Gesundheit haben. Menschen mit Burnout neigen zu Gesundheitsproblemen wie Kopfschmerzen, Magen-Darm-Problemen, Schlafstörungen, Depressionen und Angstzuständen. Die ständige Anspannung und das Gefühl der Überlastung können das Immunsystem schwächen und die Anfälligkeit für Krankheiten erhöhen.

Leistungen bei der Arbeit

Die Arbeitsleistung wird zwangsläufig durch Burnout beeinträchtigt. Mit zunehmender emotionaler Erschöpfung und fehlender Motivation sinkt die Produktivität. Die Qualität der Arbeit kann ebenfalls leiden, was zu Fehlern und Verzögerungen führt, die nicht nur den Einzelnen, sondern auch das Team und die Organisation als Ganzes beeinträchtigen können.

Zwischenmenschliche Beziehungen

Burnout kann zwischenmenschliche Beziehungen sowohl am Arbeitsplatz als auch im persönlichen Leben beeinträchtigen. Die Entfremdung kann dazu führen, dass Menschen sich von Arbeitskollegen, Freunden und Familienangehörigen distanzieren. Dies kann zu Konflikten und sozialer Isolation führen und den Genesungsprozess noch herausfordernder gestalten.

Allgemeine Lebenszufriedenheit

Das Gefühl der fehlenden persönlichen Erfüllung und die ständige Erschöpfung beeinträchtigen die allgemeine Lebenszufriedenheit negativ. Menschen mit Burnout können das Gefühl haben, in einer sinnlosen Routine gefangen zu sein und die Begeisterung für Aktivitäten verlieren, die sie einst genossen haben.

Balance zwischen Arbeit und Privatleben

Burnout erschwert es, eine gesunde Balance zwischen Arbeit und Privatleben aufrechtzuerhalten. Der anhaltende Druck bei der Arbeit kann sich auf das Privatleben auswirken und es schwierig machen, sich zu entspannen und Freizeit zu genießen. Dies kann wiederum den Burnout verschlimmern.

Nun, da wir verstanden haben, wie Burnout das Leben der Menschen negativ beeinflussen kann, wird deutlich, warum es so wichtig ist, diesen Zustand effektiv zu erkennen und anzugehen.

DIE BEDEUTUNG DER ERKENNUNG UND BEHANDLUNG VON BURNOUT

Die Erkennung und Behandlung von Burnout ist aus verschiedenen Gründen von entscheidender Bedeutung. Erstens ist Burnout kein Zeichen persönlicher Schwäche; es ist eine legitime Reaktion auf ungesunde Arbeitsbedingungen und ständige Überlastung. Die Ignorierung von Burnout-Symptomen kann schwerwiegende Folgen für die körperliche und geistige Gesundheit haben.

Darüber hinaus betrifft Burnout nicht nur die Person, die ihn erlebt, sondern auch Organisationen und die Gesellschaft als Ganzes. Die geringe Produktivität, die Abwesenheit am Arbeitsplatz und die mit Burnout verbundenen Gesundheitskosten haben erhebliche wirtschaftliche Auswirkungen. Daher ist die Bewältigung von Burnout nicht nur eine Frage des persönlichen Wohlbefindens, sondern auch eine Frage der öffentlichen Gesundheit und der nationalen Produktivität.

Ein weiterer wichtiger Grund, Burnout zu erkennen und anzugehen, ist, dass Genesung möglich ist. Mit angemessener Unterstützung und wirksamen Strategien können Menschen Burnout überwinden und ein gesundes und ausgewogenes Leben wiedererlangen. Der Weg zur Genesung beginnt jedoch mit der Anerkennung und Akzeptanz des Zustands.

Dieses Buch hat zum Ziel, Ihnen dabei zu helfen, Burnout zu verstehen, zu verhindern und zu überwinden. Wir werden praktische Strategien, Werkzeuge und Ressourcen erkunden, die Ihnen helfen, Frühsymptome von Burnout zu erkennen, Veränderungen in Ihrem Leben umzusetzen und das Gleichgewicht wiederzugewinnen, das Sie verdienen. Gemeinsam werden wir erkunden, wie Sie Ihre Energie, Leidenschaft und Ihr Gefühl der persönlichen Erfüllung wiederherstellen können.

Während wir in diesem Buch voranschreiten, denken Sie daran, dass Sie auf diesem Weg nicht allein sind. Viele Menschen haben bereits Burnout erlebt und sind gestärkt daraus hervorgegangen. Lassen Sie uns die Reise zu einem gesünderen und ausgewogeneren Leben beginnen, frei von der Last des Burnouts.

2
SYMTOME VON BURNOUT

Symptome sind wie stille Stimmen der Seele, die nach Fürsorge und Verständnis rufen.

Burnout ist ein komplexer Zustand, der nicht nur den Geist, sondern auch den Körper und das Verhalten einer Person betrifft. Um Burnout vollständig zu verstehen und seine Auswirkungen zu erfassen, ist es entscheidend, die begleitenden Symptome im Detail zu untersuchen. In diesem Kapitel werden wir die Symptome von Burnout in drei Hauptkategorien untersuchen: körperliche, emotionale und Verhaltenssymptome.

KÖRPERLICHE SYMPTOME VON BURNOUT

Die körperlichen Symptome von Burnout können in Intensität und Dauer variieren, haben jedoch alle eine direkte Verbindung zum chronischen Stress und zur Erschöpfung. Diese Symptome können sich bei jeder Person unterschiedlich manifestieren, aber es ist wichtig, sie als Warnzeichen des Körpers für die Notwendigkeit von Pflege und Intervention zu erkennen. Im Folgenden werden wir diese Symptome genauer behandeln:

Anhaltende Müdigkeit

Die mit Burnout verbundene Müdigkeit unterscheidet sich qualitativ von der gelegentlichen Müdigkeit, die wir alle von Zeit zu Zeit erleben. Es handelt sich um eine anhaltende Müdigkeit, unabhängig davon, wie viel Sie sich ausruhen. Selbst nach einer vollständigen Nachtruhe kann eine Person mit Burnout genauso erschöpft aufwachen wie vor dem Schlafengehen. Diese anhaltende Müdigkeit kann die Fähigkeit, bei der Arbeit, im täglichen Leben und in Beziehungen funktionieren, erheblich beeinträchtigen.

Es ist wichtig zu erkennen, dass diese Müdigkeit nicht nur physisch, sondern auch geistig ist. Der Geist ist aufgrund des chronischen Stresses ständig überlastet, was es noch schwieriger macht, Energie für den Tag zu finden.

Häufige Kopfschmerzen

Kopfschmerzen im Zusammenhang mit Burnout sind oft spannungstypischer Natur. Das bedeutet, sie resultieren aus anhaltender muskulärer Spannung, insbesondere im Nacken- und Schulterbereich. Diese Kopfschmerzen können anhaltend, wiederkehrend und von mäßiger bis starker Intensität sein.

Spannungskopfschmerzen können lähmend sein und es schwer machen, sich zu konzentrieren, effektiv zu arbeiten und sogar alltägliche Aktivitäten zu genießen. Für viele Menschen mit Burnout werden Kopfschmerzen zu einem aufdringlichen Teil ihres Lebens, der zu ihrem ohnehin schon erheblichen Stress hinzukommt.

Schlafstörungen

Burnout beeinträchtigt oft die Schlafqualität. Schlaflosigkeit ist ein häufiges Symptom, bei dem Menschen Schwierigkeiten haben einzuschlafen, während der Nacht oft aufwachen oder sehr früh aufwachen und nicht wieder einschlafen können. Selbst wenn sie schlafen können, ist der Schlaf oft nicht erholsam und lässt die Person morgens noch müder fühlen.

Schlafstörungen im Zusammenhang mit Burnout werden oft auf die überaktive Gedanken und anhaltende Besorgnis zurückgeführt. Ängstliche und stressige Gedanken können den Schlaf stören und es schwierig machen, sich zu entspannen und tief zu schlafen.

Magen-Darm-Probleme

Chronischer Stress hat direkte Auswirkungen auf das Verdauungssystem. Er kann zur Entwicklung von Magen-Darm-Problemen führen, darunter Magenschmerzen, Übelkeit, Verstopfung oder Durchfall. Diese Probleme können wiederholt auftreten und unangenehm sein, was das Essen zu einer unangenehmen Erfahrung macht.

Mit Burnout zusammenhängende gastrointestinale Symptome beeinflussen nicht nur die Lebensqualität, sondern können auch zu ernährungsbedingten Problemen führen, da das Unwohlsein dazu führen kann, dass Menschen bestimmte Lebensmittel meiden oder nicht ausreichend essen.

Muskelschmerzen und Verspannungen

Muskelspannung ist eine physische Reaktion auf Stress und Angst. Menschen mit Burnout erleben oft Muskelschmerzen, insbesondere in Schultern, Nacken und Rücken. Diese Muskelschmerzen können anhaltend sein und zum allgemeinen Gefühl körperlichen Unbehagens beitragen.

Muskelspannung kann auch die Beweglichkeit und Flexibilität einschränken und alltägliche Aktivitäten erschweren. Massagetherapie und Physiotherapie können hilfreich sein, um die mit Burnout verbundene Muskelspannung zu lindern.

Veränderungen im Appetit

Burnout kann sich auf verschiedene Weisen auf den Appetit auswirken. Einige Menschen erleben einen signifikanten Appetitverlust und haben Schwierigkeiten, regelmäßig zu essen. Dies kann zu unbeabsichtigtem Gewichtsverlust und Ernährungsdefiziten führen.

Andererseits neigen einige Menschen dazu, sich der emotionalen Ernährung zuzuwenden, um mit Stress und Erschöpfung umzugehen. Sie können übermäßig essen, insbesondere Lebensmittel, die reich an Zucker und Fett sind, in einem Versuch, vorübergehenden Trost oder Linderung zu finden.

Beide Veränderungen im Appetit können sich negativ auf die Gesundheit auswirken, und es ist wichtig, sich dieser Ernährungsmuster bewusst zu sein und gesunde Wege zur Bewältigung von Stress zu suchen.

Wiederkehrende Gesundheitsprobleme

Die langanhaltende Exposition gegenüber dem mit Burnout verbundenen Stress kann das Immunsystem schwächen und den Körper anfälliger für Infektionen und Krankheiten machen. Das bedeutet, dass Menschen mit Burnout häufiger krank werden und eine langsamere Genesung haben können.

Darüber hinaus kann chronischer Stress bereits bestehende Gesundheitszustände wie Bluthochdruck, Diabetes und Autoimmunerkrankungen verschlimmern. Daher ist die Pflege der körperlichen Gesundheit entscheidend für diejenigen, die mit Burnout konfrontiert sind.

Es ist wichtig zu erkennen, dass diese körperlichen Symptome Anzeichen dafür sind, dass der Körper Warnsignale bezüglich von Stress und Erschöpfung sendet. Das Ignorieren dieser Signale kann langfristig zu ernsthaften Gesundheitsproblemen führen. Daher sind die Suche nach Hilfe und die Entwicklung von Selbstfürsorgestrategien entscheidend, um mit diesen körperlichen Symptomen von Burnout umzugehen.

EMOTIONALE SYMPTOME VON BURNOUT

Die emotionalen Symptome von Burnout sind oft die sichtbarsten und einschneidendsten, da sie die emotionale und mentale Erschöpfung widerspiegeln, die mit diesem Zustand einhergeht. Sie können in Intensität und Dauer variieren, haben jedoch alle einen signifikanten Einfluss auf die Lebensqualität. Im Folgenden werden wir diese emotionalen Symptome genauer erläutern, um ein umfassenderes Verständnis zu vermitteln:

Gefühle der Hoffnungslosigkeit und Hilflosigkeit

Sich überfordert und unfähig zu fühlen, mit Verantwortlichkeiten umzugehen, ist ein charakteristisches Merkmal von Burnout. Diese Gefühle können zu einer tiefen Hoffnungslosigkeit und Hilflosigkeit führen. Die Person kann sich fragen, wie sie weiterhin den Anforderungen des Lebens, sowohl am Arbeitsplatz als auch zu Hause, gerecht werden kann.

Hoffnungslosigkeit ist ein überwältigender emotionaler Zustand, der die Lebensqualität drastisch beeinflussen kann. Das Gefühl, dass es keine Lösung für die Erschöpfung und den Stress gibt, kann es noch schwieriger machen, Hilfe zu suchen oder positive Veränderungen umzusetzen.

Ständige Reizbarkeit

Reizbarkeit ist eine häufige emotionale Reaktion auf Burnout. Menschen mit Burnout können sich am Rande eines emotionalen Zusammenbruchs fühlen, und infolgedessen können Kleinigkeiten, die normalerweise kein Problem darstellen würden, eine Reaktion von Frustration und Wut auslösen.

Diese ständige Reizbarkeit kann sich negativ auf persönliche und berufliche Beziehungen auswirken. Andere könnten sich unwohl fühlen oder sogar den Kontakt zu jemandem vermeiden, der ständig gereizt ist.

Ängstlichkeit

Angst ist ein häufiges Merkmal, das mit Burnout in Verbindung gebracht wird. Anhaltender Stress und das Gefühl der Überlastung können zu übermäßigen Sorgen und einem ständigen Nervositätsgefühl führen. Dies kann sich in körperlichen Symptomen wie Herzklopfen, Zittern und Schwitzen äußern.

In schwereren Fällen kann Burnout Panikattacken auslösen, die durch Symptome wie Atemnot, Herzklopfen und ein überwältigendes Gefühl von Angst oder Schrecken gekennzeichnet sind.

Depression

Die chronische emotionale Erschöpfung, die mit Burnout einhergeht, kann zur Entwicklung von Depressionen beitragen. Menschen mit Burnout können sich traurig, hoffnungslos und desinteressiert an

Aktivitäten fühlen, die sie einst genossen haben. Depression kann sich als Energiemangel und Lebensfreudeverlust manifestieren.

Es ist wichtig zu beachten, dass Depression nicht nur eine vorübergehende Traurigkeit ist, sondern eine ernsthafte psychische Störung, die angemessene Aufmerksamkeit und Behandlung erfordert. Die Verbindung zwischen Burnout und Depression ist ein wichtiger Grund, professionelle Hilfe in Anspruch zu nehmen, wenn die emotionalen Symptome überwältigend werden.

Mangelnde Motivation

Ein Mangel an Motivation ist ein Merkmal von Burnout, der selbst die einfachsten Aufgaben überwältigend erscheinen lässt. Was früher mit Begeisterung und Hingabe erledigt wurde, kann jetzt wie eine unerträgliche Last erscheinen. Die Person kann eine vollständige Abwesenheit von Energie und Motivation verspüren, um ihren Verpflichtungen nachzukommen.

Dieser Mangel an Motivation kann sich auf alle Lebensbereiche ausdehnen, einschließlich der Arbeit, Beziehungen und Freizeitaktivitäten. Das Gefühl, in einem Zustand der Apathie gefangen zu sein, kann entmutigend sein.

Niedriges Selbstwertgefühl und Selbstvertrauen

Burnout kann das Selbstwertgefühl und das Selbstvertrauen einer Person untergraben. Die ständige

Empfindung des Versagens, die Energielosigkeit und die Schwierigkeit, Verpflichtungen zu erfüllen, können Zweifel an den eigenen Fähigkeiten und Kompetenzen aufkommen lassen.

Die Person kann sich möglicherweise als ungeeignet und unsicher in ihrem Handeln fühlen, selbst in Situationen, in denen sie zuvor herausragte. Dieser Rückgang des Selbstwertgefühls und Selbstvertrauens kann nicht nur das emotionale Wohlbefinden, sondern auch die Arbeitsleistung und Beziehungen beeinträchtigen.

Diese emotionalen Symptome von Burnout können lähmend sein und die Lebensqualität erheblich beeinträchtigen. Das Erkennen und Bewältigen dieser emotionalen Symptome von Burnout ist entscheidend, um die Genesung zu fördern und langfristige psychische Gesundheitsprobleme zu vermeiden. Die Suche nach professioneller Hilfe, die Umsetzung von Selbstfürsorgestrategien und die Unterstützung von Freunden und Familie sind wichtige Ressourcen, um diese emotionalen Herausforderungen zu bewältigen. Das Ignorieren dieser emotionalen Symptome kann zu schwerwiegenden und anhaltenden psychischen Gesundheitsproblemen führen.

VERHALTENSSYMPTOME VON BURNOUT

Die Verhaltenssymptome von Burnout werden oft von Freunden, Familienangehörigen und Arbeitskollegen beobachtet. Sie spiegeln wider, wie eine Person mit Stress und Erschöpfung umgeht, und können in ihrer Intensität variieren. Diese Verhaltenssymptome sind wichtige Anzeichen für die Auswirkungen von Burnout im täglichen Leben einer Person und können Folgendes umfassen:

Soziale Isolation

Soziale Isolation ist eine übliche Reaktion auf Burnout. Menschen, die Burnout erleben, ziehen sich oft von sozialen Interaktionen zurück, selbst von engen Freunden und Familie. Sie können sich von der Vorstellung, sozial zu sein, überwältigt fühlen und ziehen die Isolation vor, um sich vor zusätzlichem Stress zu schützen.

Soziale Isolation kann Burnout verschlimmern, da die Person die soziale Unterstützung verliert, die ihr geholfen hätte, mit Stress und Erschöpfung umzugehen. Außerdem kann Isolation zu Gefühlen von Einsamkeit und emotionaler Entfremdung führen, was die Genesung weiter erschwert.

Prokrastination (Aufschieben)

Prokrastination ist ein häufiges Verhalten bei Menschen, die unter Burnout leiden. Mangelnde

Motivation und Energie können dazu führen, dass Aufgaben immer wieder aufgeschoben werden, selbst einfache. Dies kann zu erhöhtem Stress führen, da sich die Verantwortlichkeiten ansammeln und überwältigend werden.

Prokrastination kann auch die Arbeitsleistung und den Alltag beeinträchtigen, was zu Gefühlen der Unzulänglichkeit und Schuld führen kann. Die betroffene Person kann sich oft in einem Prokrastinationszyklus befinden, der schwer zu durchbrechen ist.

Erhöhter Konsum von Substanzen

Einige Personen greifen vermehrt zu Substanzen wie Alkohol, Tabak oder Drogen, um mit dem Stress und der Erschöpfung von Burnout umzugehen. Diese Substanzen können vorübergehend eine Flucht vor den negativen Gefühlen bieten, die mit Burnout einhergehen.

Jedoch kann übermäßiger Substanzkonsum zu zusätzlichen physischen und psychischen Gesundheitsproblemen führen und die Situation verschlimmern. Der erhöhte Konsum von Substanzen kann auch einen Teufelskreis schaffen, da er die Burnout-Symptome verstärken kann.

Veränderungen im Schlafmuster

Schlafstörungen sind häufige Symptome von Burnout, und Veränderungen im Schlafmuster werden häufig beobachtet. Dies kann Schwierigkeiten beim Einschlafen, nächtliches Erwachen und anhaltende

Müdigkeit auch nach einer vollen Nacht Schlaf beinhalten.

Diese Veränderungen im Schlafmuster können zu Tagesmüdigkeit führen und die Arbeits- und Alltagsleistung beeinträchtigen. Schlafmangel minderer Qualität kann auch zur körperlichen und geistigen Erschöpfung beitragen.

Vernachlässigung der Ernährung

Die Erschöpfung von Burnout führt oft zu Veränderungen in den Essgewohnheiten. Einige Menschen verlieren den Appetit und essen nicht mehr ausreichend, was zu unbeabsichtigtem Gewichtsverlust führt. Andere greifen zur emotionalen Ernährung und konsumieren zucker- und fettreiche Lebensmittel, um vorübergehend Trost zu suchen.

Diese Veränderungen in den Essgewohnheiten können die körperliche und emotionale Gesundheit beeinträchtigen und zu Symptomen wie Müdigkeit, Reizbarkeit und geringer Energie führen.

Leistungsrückgang bei der Arbeit

Am Arbeitsplatz kann sich Burnout als Leistungsrückgang manifestieren. Die betroffene Person kann Schwierigkeiten haben, sich zu konzentrieren, Fristen einzuhalten und die Produktivität aufrechtzuerhalten. Mangelnde Motivation und Energie beeinträchtigen die Fähigkeit, Aufgaben effektiv zu erledigen.

Der Leistungsrückgang bei der Arbeit kann zu beruflichen Problemen führen, wie negativen Bewertungen, Konflikten mit Kollegen und Vorgesetzten und in extremen Fällen sogar zur Entlassung. Dies kann den Stress erhöhen und die Burnout-Symptome verschlimmern.

Vernachlässigung persönlicher Verpflichtungen

Neben der Arbeit kann Burnout dazu führen, dass persönliche Verpflichtungen vernachlässigt werden, wie die Pflege des Hauses, das Bezahlen von Rechnungen und das Aufrechterhalten gesunder Beziehungen. Die betroffene Person kann sich von den Anforderungen des täglichen Lebens überfordert fühlen und deshalb diese Verpflichtungen vernachlässigen.

Die Vernachlässigung persönlicher Verpflichtungen kann zu zusätzlichen Problemen führen, wie familiären Konflikten, finanziellen Schwierigkeiten und Schuldgefühlen.

Aggressivität und zwischenmenschliche Konflikte

Die Reizbarkeit und die emotionale Erschöpfung können zu aggressivem Verhalten und zwischenmenschlichen Konflikten führen. Die Person mit Burnout kann übermäßig auf stressige Situationen reagieren, was zu Diskussionen und Konflikten mit Kollegen, Freunden und Familienangehörigen führen kann.

Diese Konflikte können ein negatives Arbeits- oder soziales Umfeld schaffen und zur Isolation und zum Stress beitragen.

Es ist entscheidend, diese Verhaltenssymptome als Warnsignale dafür anzuerkennen, dass etwas nicht stimmt. Sie zu ignorieren, kann schwerwiegende Konsequenzen haben, sowohl beruflich als auch persönlich. Professionelle Hilfe in Anspruch zu nehmen und gesunde Bewältigungsstrategien zu entwickeln, ist entscheidend, um den Kreislauf von Burnout zu durchbrechen und ein ausgewogeneres und gesünderes Leben anzustreben. Das nächste Kapitel wird die zugrunde liegenden Ursachen von Burnout erkunden und dabei helfen, die Wurzeln dieses Zustands tiefer Erschöpfung zu identifizieren.

3
URSACHEN VON BURNOUT

Die Ursachen von Burnout sind die Steine auf dem Weg, bereit, in Erfolgsstufen umgewandelt zu werden.

Burnout ist ein komplexer Zustand, der jeden Menschen, unabhängig von seinem Beruf oder Lebensstil, betreffen kann. Obwohl es keine eindeutige Ursache für Burnout gibt, gibt es mehrere Faktoren, die zur Entwicklung dieses Zustands der physischen und emotionalen Erschöpfung beitragen. In diesem Kapitel werden wir die Ursachen von Burnout im Detail untersuchen, einschließlich individueller und beruflicher Faktoren, dem Ungleichgewicht zwischen Arbeit und Privatleben, unrealistischer Erwartungen und mangelnder Unterstützung am Arbeitsplatz.

INDIVIDUELLE FAKTOREN

Obwohl Burnout oft mit beruflichen und Umweltfaktoren in Verbindung gebracht wird, spielen individuelle Faktoren eine wichtige Rolle bei seinem Auftreten. Diese Faktoren können dazu führen, dass einige Menschen anfälliger für Burnout sind als andere.

Einige der individuellen Faktoren, die zur Entwicklung von Burnout beitragen können, umfassen:

Persönlichkeit

Die Persönlichkeit spielt eine entscheidende Rolle bei der Anfälligkeit für Burnout. Einige Persönlichkeitsmerkmale sind mit einem höheren Risiko für die Entwicklung dieses Zustands verbunden. Zum Beispiel neigen Perfektionisten dazu, sehr hohe Standards für sich selbst zu setzen und können enttäuscht und frustriert sein, wenn sie diese nicht erreichen können. Diejenigen, die sich selbst sehr kritisch gegenüberstehen, neigen ebenfalls eher zu Burnout, da sie sehr streng mit sich selbst umgehen.

Darüber hinaus neigen Personen, die Schwierigkeiten haben, "Nein" zu sagen und persönliche Grenzen zu setzen, dazu, sich zu überlasten, was zu Burnout führen kann. Die Anfälligkeit für Pessimismus und das Fehlen effektiver Bewältigungsfähigkeiten können ebenfalls das Risiko von Burnout erhöhen.

Perfektionismus

Perfektionismus, mit seinem unerbittlichen Streben nach Exzellenz, der Schwierigkeit, Fehler zu akzeptieren, extremer Selbstkritik, Sorge um das Urteil anderer und der Schwierigkeit, zu entspannen, kann eine zugrunde liegende Ursache von Burnout sein. Perfektionisten stehen ständig unter Druck, hohe Standards zu erfüllen, was zu physischer und emotionaler Erschöpfung führen kann. Die Identifizierung und Änderung dieser

Perfektionismusmuster ist entscheidend, um Burnout zu verhindern und effektiv damit umzugehen.

Bewältigungsfähigkeiten

Die Art und Weise, wie eine Person mit Stress umgeht, spielt eine bedeutende Rolle bei der Verhinderung von Burnout. Personen mit unzureichenden Bewältigungsfähigkeiten, wie fehlender Durchsetzungsfähigkeit, Schwierigkeiten beim Zeitmanagement oder fehlenden Problemlösungsfähigkeiten, können Schwierigkeiten haben, den Anforderungen von Arbeit und Privatleben gerecht zu werden. Dies kann zu chronischem Stress und emotionaler Erschöpfung führen.

Persönliche Erwartungen

Persönliche Erwartungen spielen eine wesentliche Rolle bei der Entstehung von Burnout. Wenn eine Person unrealistische Erwartungen an sich selbst, ihre Arbeit oder ihr persönliches Leben setzt, schafft sie einen Nährboden für Burnout. Der innere Druck, um jeden Preis erfolgreich zu sein, kann zu hohen Stress- und Erschöpfungsniveaus führen.

Vorgeschichte der psychischen Gesundheit

Die psychische Gesundheitsgeschichte einer Person kann ebenfalls die Anfälligkeit für Burnout beeinflussen. Personen, die eine Vorgeschichte von Angststörungen, Depressionen oder anderen psychischen Gesundheitsproblemen haben, können anfälliger für

Burnout sein, da sie bereits eine emotionale Verletzlichkeit aufweisen.

Fehlende Selbstfürsorge

Fehlende Selbstfürsorge ist ein wichtiger individueller Faktor, der zu Burnout beitragen kann. Wenn Menschen ihr körperliches und emotionales Wohlbefinden nicht priorisieren, sind sie einem höheren Risiko für Erschöpfung ausgesetzt. Dazu gehört, den Schlaf zu vernachlässigen, keine körperliche Betätigung zu betreiben, keine gesunde Ernährung einzuhalten oder keine Zeit für Freizeitaktivitäten und Entspannung zu nehmen.

Diese individuellen Faktoren können miteinander interagieren und sich gegenseitig verstärken, wodurch einige Menschen anfälliger für Burnout sind als andere. Es ist entscheidend, diese Aspekte an sich selbst zu erkennen und Maßnahmen zu ergreifen, um einen gesünderen Ansatz zur Arbeit und zum persönlichen Leben zu fördern.

BERUFSBEZOGENE FAKTOREN

Berufsbezogene Faktoren gehören zu den Hauptursachen für Burnout, da viele der Symptome direkt mit der Arbeitsumgebung zusammenhängen. Lassen Sie uns die Aspekte, die sich auf berufsbezogene Faktoren beziehen, genauer untersuchen:

Übermäßige Arbeitsbelastung

Eine übermäßige Arbeitsbelastung ist einer der häufigsten mit Burnout verbundenen Faktoren. Wenn Mitarbeiter ständig mit Aufgaben und Verantwortlichkeiten überlastet sind, kann dies zu tiefer physischer und emotionaler Erschöpfung führen. Lange Arbeitszeiten, fehlende Erholungszeiten und der Druck, enge Fristen einzuhalten, können ein konstantes Gefühl der Erschöpfung erzeugen.

Diese übermäßige Arbeitsbelastung kann auch die Arbeitsqualität beeinträchtigen, da Mitarbeiter möglicherweise nicht genügend Zeit haben, um sich effektiv auf ihre Aufgaben zu konzentrieren. Es kann auch schwierig sein, eine gesunde Work-Life-Balance aufrechtzuerhalten, wenn die Arbeitsbelastung überwältigend ist.

Unrealistische Fristen

Unrealistische Erwartungen an Fristen können einen ständigen Druck erzeugen, um Ergebnisse schnell zu liefern. Mitarbeiter können sich ständig unter Druck gesetzt fühlen, enge Fristen einzuhalten, auch wenn sie nicht realistisch sind. Dies kann zu langen Arbeitszeiten, Schlafmangel und dem Gefühl führen, dass man nie genug erreichen kann.

Der Druck von unerreichbaren Fristen kann zu hohen Stress-, Angst- und Erschöpfungsniveaus führen. Darüber hinaus kann er zu Fehlern bei der Arbeit führen, da die Mitarbeiter eilen, um Fristen einzuhalten, ohne die notwendige Zeit für eine angemessene Überprüfung zu haben.

Unklare Verantwortlichkeiten

Mangelnde Klarheit bei den Verantwortlichkeiten und Erwartungen am Arbeitsplatz kann äußerst stressig sein. Wenn Mitarbeiter keine klare Vorstellung von ihren Aufgaben und Zielen haben, können sie sich verloren und ängstlich fühlen.

Die Unklarheit bei den Verantwortlichkeiten kann zu sich überschneidenden Aufgaben, zwischenmenschlichen Konflikten und einem ständigen Gefühl der Unsicherheit führen. Dies kann besonders schädlich sein, wenn Mitarbeiter nicht genau wissen, was von ihnen erwartet wird oder wie ihre Arbeit zu den allgemeinen Zielen der Organisation beiträgt.

Fehlende Kontrolle

Sich machtlos zu fühlen und nicht in der Lage zu sein, Entscheidungen zu beeinflussen, die die eigene Arbeit betreffen, kann eine erhebliche Quelle von Arbeitsplatzstress sein. Wenn Mitarbeiter keine Stimme bei Entscheidungen haben, die ihre Aufgaben und Arbeitsbelastung direkt beeinflussen, können sie frustriert und hilflos sein.

Der Mangel an Kontrolle über die Arbeitsumgebung kann zu Gefühlen der Ohnmacht führen, die zur emotionalen Erschöpfung beitragen können. Das Gefühl, keine Kontrolle über die eigenen Umstände zu haben, kann überwältigend sein und die Suche nach Lösungen zur Reduzierung des Drucks erschweren.

Wettbewerbsintensives Umfeld

In einigen Arbeitsumgebungen wird Wettbewerb gefördert und geschätzt. Obwohl gesunder Wettbewerb Mitarbeiter dazu motivieren kann, Ziele zu erreichen, kann ein übermäßig wettbewerbsfähiges Umfeld zusätzlichen Druck erzeugen, um sich von Kollegen abzuheben.

Der Druck, um jeden Preis der Beste zu sein, kann zu einem ständigen Streben nach Perfektion und dem Gefühl führen, dass jeder Fehler zu Versagen führen könnte. Dies trägt nicht nur zur Erschöpfung bei, sondern kann auch die Zusammenarbeit zwischen Kollegen beeinträchtigen, da alle um Ressourcen und Anerkennung konkurrieren.

Der Arbeitsdruck kann sich auf verschiedene Weisen manifestieren, einschließlich übermäßiger Arbeitsbelastung, unrealistischer Fristen, unklarer Verantwortlichkeiten, fehlender Kontrolle und eines übermäßig wettbewerbsfähigen Umfelds. Die Identifizierung dieser Aspekte und die Suche nach gesunden Möglichkeiten zu ihrer Bewältigung sind entscheidend, um Burnout zu verhindern und eine ausgewogenere und gesündere Arbeitsumgebung zu fördern.

UNGLEICHGEWICHT ZWISCHEN BERUF UND PRIVATLEBEN

Das Ungleichgewicht zwischen Beruf und Privatleben ist eine entscheidende Ursache für Burnout, da es einen Zyklus der Erschöpfung auslösen kann, der die körperliche und emotionale Gesundheit tiefgreifend beeinflusst. Lassen Sie uns genauer auf die mit diesem Ungleichgewicht verbundenen Faktoren eingehen und wie sie zur Entwicklung von Burnout beitragen:

Lange Arbeitszeiten

Lange Arbeitszeiten, oft einschließlich Abende und Wochenenden, lassen wenig Zeit für Erholung und persönliche Aktivitäten. Dies kann zu physischer und emotionaler Erschöpfung führen, da die Mitarbeiter nicht genügend Zeit haben, sich zwischen den Arbeitszeiten angemessen zu erholen.

Diese langen Arbeitszeiten können sich negativ auf die Lebensqualität, die Gesundheit und persönliche Beziehungen auswirken. Der Mangel an Zeit für Freizeitaktivitäten, Familie und Freunde kann zu sozialer Isolation und einem Gefühl des Ungleichgewichts führen.

Fehlende Urlaube und Erholung

Die Weigerung, Urlaub zu nehmen oder Zeit zur Erholung zu nutzen, ist eine häufige Falle, die zu chronischer Erschöpfung führen kann. Der Druck, immer verfügbar zu sein, sei es aufgrund der Arbeitskultur oder des eigenen Antriebs, erfolgreich zu sein, kann verhindern, dass Menschen sich von der Arbeit abkoppeln und neue Energie tanken.

Der Mangel an Urlaub und angemessener Erholung kann zu einem fortschreitenden Burnout führen, bei dem die Symptome der Erschöpfung im Laufe der Zeit schlimmer werden. Dies kann sich erheblich auf die geistige und körperliche Gesundheit auswirken und die Genesung erschweren.

Fehlende Grenzen

Die Unfähigkeit, klare Grenzen zwischen Arbeit und Privatleben zu ziehen, kann zu einer ständigen Überschneidung von Verantwortlichkeiten führen. Dies erschwert das Entspannen und das Genießen der Freizeit, da der Geist ständig mit beruflichen Aufgaben beschäftigt ist.

Der Mangel an Grenzen kann auch ein Gefühl des Kontrollverlusts über das eigene Leben mit sich bringen. Dies kann besonders problematisch sein, wenn eine Person das Gefühl hat, immer für die Arbeit zur Verfügung zu stehen, selbst außerhalb der Arbeitszeiten.

Vernachlässigung persönlicher Bedürfnisse

Wenn die Arbeit zur ausschließlichen Priorität wird, werden persönliche Bedürfnisse wie Bewegung, Hobbys und Beziehungen oft vernachlässigt. Dies kann zu Gefühlen der Leere und Isolation führen, da Aktivitäten, die einst Freude bereiteten, in den Hintergrund gedrängt werden.

Die Vernachlässigung persönlicher Bedürfnisse kann zu einer Verschlechterung der physischen und psychischen Gesundheit führen. Der Mangel an Zeit für Selbstfürsorge und Aktivitäten, die Befriedigung bringen, kann zu einem Identitätsverlust außerhalb der Arbeit führen.

Sozialer Druck, beruflichen Erfolg zu erzielen

In einigen Kulturen und Arbeitsumgebungen herrscht erheblicher sozialer Druck, beruflichen Erfolg um jeden Preis zu erzielen. Dies kann Menschen dazu veranlassen, ihre Gesundheit und ihr Wohlbefinden im Streben nach beruflichen Zielen zu opfern. Der soziale Druck kann von Familie, Freunden, Kollegen und sogar von der Gesellschaft im Allgemeinen kommen.

Der Druck, um jeden Preis erfolgreich zu sein, kann zu einer "Arbeiten bis zur Erschöpfung"-Mentalität führen. Menschen können sich gezwungen fühlen, unermüdlich zu arbeiten, auch wenn ihre Gesundheit gefährdet ist, um externen Erwartungen gerecht zu werden.

Das Ungleichgewicht zwischen Beruf und Privatleben ist einer der Hauptfaktoren, die zu Burnout beitragen. Lange Arbeitszeiten, die Weigerung, Urlaub zu nehmen, das Fehlen von Grenzen, die Vernachlässigung persönlicher Bedürfnisse und der soziale Druck, beruflichen Erfolg zu erzielen, können zu physischer und emotionaler Erschöpfung führen. Die Identifizierung dieser Muster und die Suche nach Möglichkeiten, das Gleichgewicht zwischen Arbeit und Privatleben wiederherzustellen, sind entscheidend, um Burnout wirksam zu verhindern und damit umzugehen.

UNREALISTISCHE ERWARTUNGEN

Unrealistische Erwartungen, sei es von anderen auferlegt oder selbst generiert, spielen eine bedeutende Rolle bei der Entstehung von Burnout. Lassen Sie uns genauer auf die verschiedenen Arten unrealistischer Erwartungen eingehen und wie sie zur Erschöpfung und zum Burnout beitragen können:

Ständige Perfektion

Die rücksichtslose Suche nach Perfektion in allen Lebensbereichen kann einen unerträglichen Druck erzeugen. Menschen, die sich selbst zu sehr unter Druck setzen, haben oft sehr hohe Standards, die praktisch unmöglich zu erreichen sind. Dies kann zu ständigen Gefühlen des Versagens führen, da Perfektion ein unerreichbares Ziel ist.

Die unaufhörliche Jagd nach Perfektion kann auch zu übermäßiger Selbstkritik führen. Wenn Fehler unvermeidbar sind, können Menschen, die Perfektion anstreben, sich selbst übermäßig beschuldigen und bestrafen, was den Druck auf sie noch weiter erhöht.

Bedürfnis nach Anerkennung

Das ständige Bedürfnis nach Anerkennung von anderen kann zu Überarbeitung und ständiger Suche nach Lob und Anerkennung führen. Dies tritt auf, wenn der persönliche Wert eng mit externer Validierung verknüpft ist. Wenn die Anerkennung ausbleibt, kann dies zu Gefühlen der Unzulänglichkeit und Verzweiflung führen.

Diese ständige Suche nach Anerkennung kann auch zu einem Mangel an gesunden Grenzen in der Arbeit führen. Menschen können sich überlasten, indem sie zusätzliche Aufgaben übernehmen oder ihre Grenzen überschreiten, um Anerkennung zu erlangen, was zu Burnout führen kann.

Vergleich mit anderen

Der ständige Vergleich mit anderen, insbesondere in sozialen Medien, kann unrealistische Erwartungen an Erfolg und Glück schaffen. Wenn Menschen die scheinbar beeindruckenden Leistungen anderer in sozialen Medien sehen, kann dies das Gefühl erzeugen, dass sie dasselbe Maß an Erfolg erreichen müssen.

Dieser ständige Vergleich kann zu Gefühlen der Unzulänglichkeit und des Stresses führen. Menschen können das Gefühl haben, dass sie zurückbleiben oder ihre Ziele nicht erreichen, auch wenn diese Vergleiche oft oberflächlich und unrealistisch sind.

Übermäßiger Selbstanspruch

Übermäßiger Selbstanspruch tritt auf, wenn jemand unerreichbare Standards für sich selbst setzt. Diese Menschen streben ständig danach, diese hohen Standards zu erfüllen, selbst wenn dies ihre Gesundheit und ihr Wohlbefinden beeinträchtigt. Sie akzeptieren nichts weniger als Perfektion von sich selbst.

Dieser übermäßige Selbstanspruch kann besonders schädlich sein, da Menschen nie das Gefühl haben, ihre Ziele zu erreichen. Die ständige Unzufriedenheit und das Gefühl, nie gut genug zu sein, können zu geistiger und emotionaler Erschöpfung führen.

Angst vor dem Versagen

Die ständige Angst vor dem Versagen kann Menschen dazu bringen, sich zu sehr anzustrengen, um das Versagen um jeden Preis zu vermeiden. Selbst wenn dies bedeutet, lange Stunden zu arbeiten, die Balance zwischen Arbeit und Privatleben zu opfern und Anzeichen von Erschöpfung zu ignorieren.

Die Angst vor dem Versagen kann ständigen Druck erzeugen, um sich selbst und anderen zu beweisen. Dieser ständige Druck kann zu Erschöpfung und Burnout führen, da Menschen ständig in höchster Alarmbereitschaft sind, um Fehler zu vermeiden.

Unrealistische Erwartungen wie die ständige Jagd nach Perfektion, das Bedürfnis nach Anerkennung, der Vergleich mit anderen, übermäßiger Selbstanspruch und die Angst vor dem Versagen spielen eine entscheidende Rolle bei der Entstehung von Burnout. Diese Erwartungen erzeugen einen unerträglichen Druck, der die geistige und emotionale Gesundheit beeinflusst. Das Erkennen und gesündere Bewältigung dieser Erwartungen ist entscheidend, um Burnout wirksam zu verhindern und damit umzugehen.

MANGEL AN UNTERSTÜTZUNG AM ARBEITSPLATZ

Ein signifikanter Auslöser für Burnout ist der Mangel an Unterstützung am Arbeitsplatz. Wenn Mitarbeiter sich nicht von Vorgesetzten, Kollegen oder der Organisationskultur unterstützt fühlen, können Stress und Erschöpfung eintreten. Lassen Sie uns genauer auf die Aspekte des Mangels an Unterstützung bei der Arbeit eingehen und wie sie zur Entstehung von Burnout beitragen können:

Fehlende Anerkennung

Das Fehlen von Anerkennung und Lob für harte Arbeit kann Mitarbeiter demotivieren und das Gefühl der Entwertung verstärken. Wenn Anstrengungen und Leistungen nicht anerkannt werden, können Menschen das Gefühl haben, dass ihre Arbeit vergeblich ist und nicht geschätzt wird.

Der Mangel an Anerkennung kann ein Umfeld der Entmutigung schaffen, in dem Mitarbeiter die Motivation verlieren, ihr Bestes zu geben. Dies kann zu emotionaler Erschöpfung führen, da Bemühungen nicht belohnt oder geschätzt werden.

Berufliche Isolation

Sich am Arbeitsplatz isoliert und hilflos zu fühlen, kann das Gefühl der Überlastung und Erschöpfung verstärken. Isolation tritt auf, wenn Mitarbeiter keine emotionale oder soziale Unterstützung von Kollegen oder Vorgesetzten erhalten.

Berufliche Isolation kann das Gefühl erzeugen, allein bei der Bewältigung der beruflichen Herausforderungen zu sein. Dies kann die emotionale Belastung erhöhen und es schwer machen, Unterstützung zu finden, wenn sie benötigt wird.

Mangelnde Kommunikation

Der Mangel an effektiver Kommunikation im Team oder in der Organisation kann zu Missverständnissen und einem Gefühl der Hilflosigkeit führen. Wenn Informationen nicht klar und offen geteilt werden, können Mitarbeiter sich verloren und nicht informiert fühlen.

Der Mangel an Kommunikation kann auch zu ungelösten Konflikten führen und das Gefühl verstärken, dass Probleme nicht angegangen werden. Dies kann den Stress und die Frustration erhöhen, was zu Burnout beiträgt.

Kultur der Überarbeitung

In Arbeitsumgebungen, in denen die Kultur die Überarbeitung wertschätzt und das Gleichgewicht zwischen Arbeit und Privatleben entmutigt, ist das Risiko für Burnout signifikant höher. In solchen Umgebungen können Mitarbeiter ständigem Druck ausgesetzt sein, lange Stunden zu arbeiten und ihre Gesundheit und ihr Wohlbefinden für die Arbeit zu opfern.

Die Kultur der Überarbeitung kann einen Teufelskreis schaffen, in dem Erschöpfung als Zeichen von Hingabe zur Arbeit angesehen wird. Dies kann zu Burnout führen, da Mitarbeiter sich verpflichtet fühlen, diesen unrealistischen Erwartungen gerecht zu werden.

Mangel an Ressourcen

Der Mangel an Ressourcen, wie angemessene Schulung, effektive Technologie und ausreichendes Personal, kann Mitarbeiter überfordern und die Durchführung ihrer Aufgaben erschweren. Wenn Mitarbeiter nicht über die erforderlichen Werkzeuge oder Unterstützung verfügen, um ihre Arbeit effektiv zu erledigen, können sie sich frustriert und hilflos fühlen.

Der Mangel an Ressourcen kann auch die Arbeitsbelastung erhöhen und das Gefühl erzeugen, dass Mitarbeiter ständig darum kämpfen, den Anforderungen gerecht zu werden. Dies kann zu physischer und emotionaler Erschöpfung führen.

Burnout ist ein komplexer Zustand, der durch eine Kombination von individuellen, beruflichen und Umweltfaktoren ausgelöst werden kann. Individuelle Faktoren wie Persönlichkeit, Perfektionismus, Bewältigungsfähigkeiten, persönliche Erwartungen, Vorgeschichte von psychischen Erkrankungen und mangelnde Selbstpflege spielen eine wichtige Rolle bei der Anfälligkeit für Burnout.

Am Arbeitsplatz können Druck, fehlendes Gleichgewicht zwischen Arbeit und Privatleben, unrealistische Erwartungen, mangelnde Unterstützung und eine toxische Organisationskultur erheblich zur Entstehung von Burnout beitragen. Es ist entscheidend, diese Faktoren zu erkennen und Möglichkeiten zu suchen, eine gesunde und ausgewogene Arbeitsumgebung zu fördern.

Die Sensibilisierung für die Ursachen von Burnout ist der erste Schritt zur Prävention und effektiven Bewältigung dieses Zustands. Das Erkennen der Faktoren, die zu Burnout in Ihrem eigenen Leben und Arbeitsumfeld beitragen, ist der erste Schritt, um Maßnahmen zur Prävention oder Bewältigung dieses belastenden Zustands zu ergreifen. Im nächsten Kapitel werden wir effektive Strategien zur Erkennung von Burnout besprechen.

4

DIE ERKENNUNG VON BURNOUT

Im Lebensreigen finde deine Seele als das perfekte Paar.

Der erste Schritt im Umgang mit Burnout besteht darin, die Symptome zu erkennen und zu identifizieren. In diesem Kapitel werden wir erkunden, wie Sie Ihr Burnout-Niveau bewerten können, Fragebögen und Selbstbewertungstools verwenden und Frühsymptome dieser Erkrankung erkennen können. Es ist wichtig zu bedenken, dass Burnout jeden in verschiedenen Lebensbereichen betrifft, nicht nur bei der Arbeit. Daher können die hier besprochenen Strategien auf verschiedene Situationen angewendet werden.

WIE MAN SEIN BURNOUT-NIVEAU BEWERTET

Die Bewertung Ihres Burnout-Niveaus erfordert Selbstbewusstsein und die Fähigkeit, über Ihre Erfahrungen, Emotionen und Symptome nachzudenken. Denken Sie daran, dass Burnout ein schrittweiser Prozess ist und die Symptome in ihrer Intensität variieren können. Lassen Sie uns die Schritte, die bei der Bewertung von Burnout eine Rolle spielen, genauer erkunden:

Emotionale Selbstbewertung

Die emotionale Selbstbewertung ist ein wesentlicher Teil des Prozesses zur Identifizierung von Burnout. Sie beinhaltet die Erkundung Ihrer Gefühle und Emotionen in Bezug auf Arbeit oder andere Bereiche, die von Burnout betroffen sind. Zusätzlich zu den zuvor genannten spezifischen Anzeichen und Symptomen gibt es einige zusätzliche Aspekte, die bei der Durchführung einer emotionalen Selbstbewertung zu berücksichtigen sind:

Emotionale Veränderungen: Die emotionale Veränderung ist ein wichtiger Aspekt, den Sie während der Selbstbewertung beachten sollten. Es ist wichtig, nicht nur zu identifizieren, wie Sie sich im Moment fühlen, sondern auch, wie sich diese Gefühle im Laufe der Zeit verändert haben. Zum Beispiel:

Gefühlsschwankungen: Überlegen Sie, ob es eine spürbare Veränderung in Ihren Gefühlen in Bezug auf die Arbeit oder andere Lebensbereiche gegeben hat. Möglicherweise haben Sie Ihre Karriere oder ein Projekt mit Begeisterung und Leidenschaft begonnen, spüren jetzt jedoch einen erheblichen Rückgang dieser Begeisterung, der von Gefühlen der Erschöpfung und Demotivation abgelöst wird.

Emotionale Schwankungen: Neben langfristigen Veränderungen sollten Sie auch auf kurzfristige emotionale Schwankungen achten. Vielleicht stellen Sie fest, dass Sie häufig Höhen und Tiefen in Ihrer emotionalen Verfassung erleben. Dies kann ein

Anzeichen dafür sein, dass Ihre emotionale Gesundheit instabil ist.

Auswirkungen auf zwischenmenschliche Beziehungen: Überlegen Sie, wie sich Ihre Gefühle in Bezug auf die Arbeit auf Ihre zwischenmenschlichen Beziehungen auswirken. Burnout beschränkt sich nicht nur auf die Arbeitsumgebung; seine Auswirkungen können sich auf Beziehungen zu Kollegen, Freunden und Familienangehörigen erstrecken. Einige zu beachtende Aspekte sind:

Emotionale Distanz: Werden Sie emotional distanzierter von den Menschen um Sie herum? Möglicherweise fühlen Sie sich isoliert, unfähig, eine emotionale Verbindung zu anderen herzustellen oder soziale Interaktionen zu vermeiden.

Reizbarkeit und Konflikte: Burnout kann die Reizbarkeit erhöhen und Sie anfälliger für zwischenmenschliche Konflikte machen. Achten Sie darauf, ob Sie ungeduldiger werden, dazu neigen, übermäßig auf herausfordernde Situationen zu reagieren oder häufiger in Konflikte geraten.

Kommunikationsprobleme: Möglicherweise stellen Sie fest, dass Sie zunehmend Schwierigkeiten beim Kommunizieren mit anderen haben. Dies kann eine Abnahme Ihrer Fähigkeit umfassen, Ihre Bedürfnisse und Emotionen effektiv auszudrücken oder Schwierigkeiten beim Zuhören und Verstehen anderer.

Schwere der Gefühle: Die Bewertung der Schwere der von Ihnen erlebten Gefühle ist entscheidend, um das Ausmaß Ihres emotionalen Zustands zu verstehen. Einige zu berücksichtigende Aspekte sind:

Persistenz von Gefühlen: Sind die Gefühle der Erschöpfung, Demotivation und andere emotionale Symptome ständig und überwältigend präsent? Halten sie im Laufe der Zeit an, auch wenn Sie eine Auszeit nehmen oder versuchen zu entspannen?

Emotionale Intensität: Wie intensiv sind diese Gefühle? Fühlen Sie sich nur gelegentlich ein wenig überwältigt, oder sind die Gefühle so tiefgreifend und erdrückend, dass sie sich erheblich auf Ihre Lebensqualität und Ihre tägliche Funktionsweise auswirken?

Emotionale Widerstandsfähigkeit: Bewerten Sie Ihre emotionale Widerstandsfähigkeit. Stellen Sie fest, dass es Ihnen immer schwerer fällt, mit Stress und emotionalen Anforderungen umzugehen? Dies kann darauf hinweisen, dass sich Ihr emotionaler Zustand verschlechtert.

Das Festhalten an diesen emotionalen Nuancen kann ein tieferes Verständnis Ihres emotionalen Zustands liefern und zur frühen Erkennung von Burnout beitragen. Denken Sie daran, dass Burnout kein binärer Zustand ist; er tritt auf einem Spektrum auf und kann sich bei jedem Einzelnen auf unterschiedliche Weisen manifestieren. Daher kann das Beachten dieser emotionalen Variationen von entscheidender Bedeutung sein, um proaktiv Maßnahmen für Ihre psychische und emotionale Gesundheit zu ergreifen. Wenn Sie eine Kombination von Anzeichen und Symptomen bemerken, die mit Burnout übereinstimmen, und eine signifikante Verschlechterung Ihres emotionalen Wohlbefindens feststellen, ist es unerlässlich, professionelle Hilfe zur angemessenen Anleitung und Unterstützung in Anspruch zu nehmen.

Körperliche Bewertung

Die Bewertung der körperlichen Symptome spielt eine entscheidende Rolle bei der Identifizierung von Burnout, da dieser Zustand den Körper erheblich beeinflussen kann. Neben den zuvor erwähnten körperlichen Symptomen sollten Sie die folgenden Informationen in Betracht ziehen, wenn Sie eine körperliche Bewertung zur Erkennung von Burnout durchführen:

Schlafmuster: Erfassen Sie Ihre Schlafmuster über einen bestimmten Zeitraum. Beachten Sie konsistente Schlafprobleme wie:

Schwierigkeiten beim Einschlafen: Notieren Sie, ob Sie Schwierigkeiten haben, einzuschlafen. Dazu gehören das benötigte lange Liegen, um einzuschlafen, selbst wenn Sie müde sind, oder anhaltende Schlaflosigkeit.

Nächtliches Erwachen: Achten Sie darauf, ob Sie nachts häufig aufwachen und Schwierigkeiten haben, wieder einzuschlafen. Dies kann Ihre Schlafmuster stören und zu einem Gefühl führen, nicht erholsam geschlafen zu haben.

Morgendliche Erschöpfung: Prüfen Sie, ob Sie morgens erschöpft aufwachen, als hätten Sie nicht ausreichend geschlafen. Dies kann ein Anzeichen dafür sein, dass Ihr Schlaf nicht erholsam ist.

Körperliche Empfindungen: Neben Kopfschmerzen, Muskelschmerzen und gastrointestinalen Symptomen sollten Sie auch auf andere körperliche Empfindungen achten, wie:

Herzklopfen: Beachten Sie, ob Sie Herzrasen erleben, das heißt, spürbare, schnelle oder unregelmäßige Herzschläge. Chronischer Stress kann das Herz-Kreislauf-System beeinflussen.

Übermäßiges Schwitzen: Achten Sie darauf, ob Sie übermäßig schwitzen, selbst in Situationen, in denen Sie normalerweise nicht schwitzen würden. Stress kann die Aktivität des sympathischen Nervensystems steigern, was zu übermäßigem Schwitzen führen kann.

Zittern: Gefühle von Zittern oder körperlicher Unruhe können darauf hinweisen, dass das Nervensystem aufgrund von Stress überlastet ist.

Auswirkungen auf die Energie: Wie wird Ihre körperliche Energie beeinflusst? Fühlen Sie sich ständig müde, energielos oder nimmt Ihre Vitalität im Laufe der Zeit ab? Achten Sie auf folgende Anzeichen:

Konstante Erschöpfung: Überlegen Sie, ob Sie sich ständig müde fühlen, selbst nach einer scheinbar ausreichenden Nachtruhe. Anhaltende Erschöpfung kann auf körperliche und emotionale Erschöpfung hinweisen.

Niedrige Energie: Berücksichtigen Sie, ob Ihre allgemeine Energie im Laufe der Zeit signifikant abgenommen hat. Dies kann sich auf Ihre Fähigkeit auswirken, alltäglichen Aktivitäten nachzugehen und auf Erschöpfung hinweisen.

Das Festhalten an anhaltenden körperlichen Symptomen, die Sie möglicherweise erleben, ist wichtig, um Ihre körperliche Gesundheit zu bewerten und deren mögliche Beziehung zum Burnout zu berücksichtigen. Es ist entscheidend zu erkennen, dass chronischer Stress und Erschöpfung den Körper erheblich beeinflussen können und zu einer Vielzahl von körperlichen Symptomen führen können. Diese Symptome sollten nicht ignoriert werden, und es ist angemessen, ärztlichen Rat einzuholen, wenn Sie vermuten, dass Ihr körperliches Wohlbefinden vom Burnout betroffen ist.

Verhaltensanalyse

Die Analyse Ihres Verhaltens spielt eine entscheidende Rolle bei der Identifizierung von Anzeichen von Burnout. Neben den zuvor genannten Fragen sollten Sie die folgenden Aspekte bei der Bewertung Ihres Verhaltens im Hinblick auf Anzeichen von Burnout in Betracht ziehen:

Veränderungen in der Produktivität: Beachten Sie neben einer Leistungsabnahme, ob Sie die folgenden Symptome zeigen:

Leistungsabfall: Neben einer Verschlechterung der Arbeitsleistung, beobachten Sie, ob Sie bei der Erledigung Ihrer Aufgaben weniger produktiv und effektiv sind. Prokrastination und mangelnde Konzentration können Anzeichen von Burnout sein. Achten Sie darauf, ob Sie mehr Zeit benötigen, um Aufgaben zu erledigen, die Sie zuvor schnell erledigt haben, und ob Sie mehr Fehler machen.

Mangelnde Motivation: Überprüfen Sie, ob Sie eine signifikante Motivationslosigkeit gegenüber Ihrer Arbeit oder anderen Aktivitäten erleben. Der Verlust von Interesse und Begeisterung kann ein Symptom für Burnout sein und zu Apathie gegenüber Ihren Verpflichtungen führen.

Widerstand gegen Aufgaben: Beachten Sie, ob Sie Aufgaben widerstehen oder vermeiden, die für Sie normalerweise kein Problem darstellten. Dies kann das Aufschieben wichtiger Projekte oder das Vermeiden von Verantwortlichkeiten in der Arbeit umfassen.

Einstellung zu Aktivitäten: Achten Sie neben Ihrem Verhalten bei der Arbeit auf Ihre Einstellung zu Aktivitäten außerhalb der Arbeit. Vermeiden Sie Aktivitäten, die Sie früher genossen haben? Beachten Sie die folgenden Anzeichen.

Vermeiden früherer Aktivitäten: Neben der Beobachtung Ihres Verhaltens bei der Arbeit, achten Sie auf Ihre Einstellung zu Aktivitäten außerhalb der Arbeit. Vermeiden Sie Aktivitäten, die Sie früher genossen haben? Dies kann Hobbys, körperliche Übungen oder soziale Interaktionen umfassen. Der Verlust des Interesses an Aktivitäten, die früher befriedigend waren, kann ein Zeichen für Burnout sein.

Symptome von Depression: Achten Sie auf Anzeichen von Depression, wie die Unfähigkeit, Freude an Aktivitäten zu empfinden, die normalerweise erfreulich waren, anhaltende Gefühle von Traurigkeit oder Leere und den Verlust des Interesses an sozialen Interaktionen. Depression kann mit Burnout in Verbindung stehen und erfordert angemessene medizinische Aufmerksamkeit.

Anzeichen von sozialer Isolation: Seien Sie sich bewusst, wenn soziale Isolation auftritt. Entfernen Sie sich von Freunden, Familie oder Kollegen? Dies können frühe Anzeichen für Burnout sein:

Soziale Isolation: Beachten Sie, ob eine soziale Isolation auftritt. Entfernen Sie sich von Freunden, Familie oder Kollegen? Die Neigung zur Isolation kann aufgrund von Energiemangel oder Interessenverlust an sozialen Interaktionen aufgrund von emotionaler Erschöpfung entstehen.

Verlust von Verbindungen: Achten Sie darauf, ob Sie aufgrund Ihres isolierenden Verhaltens wichtige soziale Verbindungen verlieren. Die Aufrechterhaltung sozialer Verbindungen ist entscheidend für die geistige und emotionale Gesundheit, und der Verlust dieser Verbindungen kann Burnout verschlimmern.

Selbsterkenntnis: Selbstkenntnis spielt eine entscheidende Rolle bei der Identifikation und Bewältigung von Burnout. Beobachten Sie, wie Sie auf Situationen reagieren, identifizieren Sie Verhaltensmuster und erkennen Sie, wann Sie sich überwältigt fühlen, auf folgende Weisen:

Praktizieren der Selbstreflexion: Versuchen Sie, im Laufe der Zeit Selbstreflexion zu praktizieren. Dies beinhaltet das Beobachten, wie Sie auf Situationen reagieren, die Identifizierung von Verhaltensmustern und das Erkennen, wenn Sie sich überwältigt fühlen. Selbstreflexion kann Ihnen dabei helfen, frühe Anzeichen von Burnout zu erkennen und proaktiv Maßnahmen zu ergreifen, um damit umzugehen.

Notieren Sie Ihre Gefühle: Führen Sie ein Tagebuch oder notieren Sie Ihre Gefühle und Verhaltensweisen im Laufe der Zeit. Dies kann dazu beitragen, Veränderungen in Ihrem emotionalen Zustand und Verhalten zu verfolgen, die im Zusammenhang mit Burnout stehen könnten.

Professionelle Hilfe suchen: Wenn es Ihnen schwerfällt, Ihre eigenen Anzeichen von Burnout zu identifizieren, oder wenn Sie Schwierigkeiten haben, angemessen damit umzugehen, sollten Sie die Unterstützung eines Fachmanns für psychische Gesundheit in Betracht ziehen. Ein Therapeut oder Psychologe kann Ihnen Anleitung und Unterstützung bieten, um Burnout effektiv zu verstehen und zu bewältigen.

Die Analyse Ihres Verhaltens, sowohl bei der Arbeit als auch außerhalb, ist entscheidend, um die Anzeichen von Burnout zu erkennen. Das Achten auf Veränderungen in der Produktivität, Einstellungen zu Aktivitäten, Anzeichen von sozialer Isolation und die Praxis der Selbstreflexion kann dazu beitragen, Burnout in seinen frühen Stadien zu erkennen. Bedenken Sie, dass Burnout nicht nur die Leistung bei der Arbeit beeinflusst, sondern auch erhebliche Auswirkungen auf Ihre täglichen Aktivitäten und sozialen Interaktionen hat. Das frühzeitige Erkennen dieser Anzeichen ist entscheidend, um proaktiv auf Genesung und Wohlbefinden hinzuarbeiten.

FRAGEBÖGEN UND SELBSTBEURTEILUNGSTOOLS

Neben der Selbstbewertung gibt es weit verbreitete Fragebögen und Selbstbeurteilungstools, die bei der Identifizierung von Burnout helfen können. Diese Tools sind dazu konzipiert, Symptome und das Erschöpfungsniveau zu messen. Beachten Sie, dass diese Fragebögen keine endgültige Diagnose liefern, aber auf das Vorhandensein von Burnout hinweisen können. Wenn Sie vermuten, dass Sie an Burnout leiden, erwägen Sie, eine oder mehrere dieser Bewertungen durchzuführen:

Maslach Burnout Inventory (MBI)

Das MBI ist eines der bekanntesten und am häufigsten verwendeten Tools zur Bewertung von Burnout. Entwickelt von Christina Maslach und Susan Jackson in den 1980er Jahren, ist dieses Bewertungsinstrument zu einer Referenz für Fachleute im Bereich psychische Gesundheit, Forscher und Unternehmen geworden, die Burnout messen und verstehen möchten.

Das MBI wurde entwickelt, um die drei wesentlichen Komponenten von Burnout zu messen und bietet somit einen umfassenden Einblick in die Erfahrungen einer Person in Bezug auf ihre Arbeit oder andere Lebensbereiche:

Emotionale Erschöpfung: Diese Dimension des MBI misst Gefühle der emotionalen und physischen Erschöpfung. Durch spezifische Fragen untersucht das MBI die Häufigkeit und Intensität dieser Gefühle. Es untersucht auch das Gefühl, von der Arbeit oder anderen Verpflichtungen überwältigt zu sein. Bei der Bewertung der emotionalen Erschöpfung hilft das MBI dabei festzustellen, wie erschöpft sich eine Person aufgrund der Anforderungen ihres Berufs- oder Privatlebens fühlt.

Entmenschlichung: Die Dimension der Entmenschlichung im MBI bewertet die Neigung einer Person, andere mit Gleichgültigkeit, Gefühllosigkeit oder Entmenschlichung zu behandeln. Dies kann sich in negativen Einstellungen gegenüber Arbeitskollegen, Kunden, Patienten oder jeder anderen Person zeigen, mit der die Person regelmäßig in ihrem beruflichen oder privaten Umfeld interagiert. Das MBI hilft festzustellen, ob eine Person Gefühle von Zynismus und Entfremdung gegenüber anderen entwickelt.

Persönliche Leistung: Diese Dimension des MBI misst das Gefühl der Leistungsfähigkeit und Effektivität bei der Arbeit oder in anderen Lebensbereichen. Fragen in diesem Bereich helfen zu bewerten, ob eine Person immer noch in der Lage ist, ihre Aufgaben effektiv zu erledigen und Zufriedenheit in dem zu finden, was sie tut. Ein signifikanter Rückgang des persönlichen Erfolgserlebens kann ein Anzeichen für die Entwicklung von Burnout sein.

Das MBI ist ein vielseitiges Tool, das in verschiedenen Kontexten angewendet werden kann und nicht nur auf den Arbeitsplatz beschränkt ist. Es kann in Bereichen wie Gesundheit, Bildung, Sozialdiensten und vielen anderen eingesetzt werden. Die Anwendung des MBI beinhaltet die Bewertung der Antworten einer Person auf eine Reihe von Fragen oder Aussagen, die sich auf die drei Komponenten von Burnout beziehen.

Die Punktzahl im MBI ermöglicht eine objektive Analyse des Vorhandenseins und der Schwere des Burnouts. Auf Grundlage der Ergebnisse können angemessene Interventionsstrategien entwickelt werden, um einer Person bei der Bewältigung von Burnout zu helfen, einschließlich der Inanspruchnahme professioneller Unterstützung, Veränderungen in den Arbeitsaufgaben und Selbstfürsorgepraktiken.

Es ist wichtig zu bedenken, dass das MBI ein wertvolles Tool ist, aber in Kombination mit anderen Bewertungen und Überlegungen verwendet werden sollte, um ein umfassendes Bild der Situation einer Person in Bezug auf Burnout zu erhalten. Darüber hinaus können die Ergebnisse des MBI Organisationen dabei helfen, Bereiche zur Verbesserung des Stressmanagements und des Wohlbefindens der Mitarbeiter zu identifizieren und so gesündere Arbeitsumgebungen zu fördern.

Kopenhagener Burnout-Skala (CBO)

Die CBO ist ein weiteres weithin anerkanntes und häufig verwendetes Instrument zur Bewertung des Burnouts. Ähnlich wie das Maslach Burnout Inventory (MBI) wurde die CBO entwickelt, um eine umfassende Analyse der Erfahrungen einer Person in Bezug auf Burnout bereitzustellen. Allerdings unterscheidet sie sich, indem sie Burnout in vier verschiedene Dimensionen unterteilt:

Emotionale Erschöpfung: Diese Dimension der CBO ähnelt dem emotionalen Erschöpfungszustand, wie er vom MBI bewertet wird. Sie konzentriert sich auf die Beurteilung von Gefühlen emotionaler und physischer Erschöpfung. Die Fragen in dieser Dimension untersuchen die Häufigkeit und Intensität dieser Gefühle sowie das Gefühl, von der Arbeit oder anderen Verpflichtungen überfordert zu sein. Emotionale Erschöpfung ist eine der Säulen des Burnouts und kann die Fähigkeit zur Bewältigung von Arbeit und Privatleben erheblich beeinträchtigen.

Entmenschlichung: Ähnlich wie im MBI bewertet die Dimension der Entmenschlichung in der CBO die Tendenz einer Person, andere mit Gleichgültigkeit oder Gefühllosigkeit zu behandeln. Dies kann sich in negativen Einstellungen gegenüber Arbeitskollegen, Kunden, Patienten oder jeder anderen Person zeigen, mit der die Person regelmäßig in ihrem beruflichen oder privaten Umfeld interagiert. Die Entmenschlichung ist ein negatives Verhalten, das mit Burnout in Verbindung gebracht wird.

Berufliche Leistung: Diese Dimension der CBO misst das Gefühl der Leistungsfähigkeit und Effektivität bei der Arbeit. Die Fragen in diesem Bereich helfen zu bewerten, ob eine Person immer noch in der Lage ist, ihre Aufgaben effektiv zu erledigen und Zufriedenheit in ihrer Arbeit zu finden. Ein signifikanter Rückgang des beruflichen Erfolgserlebens kann die Motivation und das Engagement bei der Arbeit beeinträchtigen und ist ein Symptom des Burnouts.

Körperliche und psychische Symptome: Die Dimension der körperlichen und psychischen Symptome in der CBO unterscheidet sich von der im MBI. Sie bewertet körperliche und emotionale Symptome, die mit Burnout in Verbindung stehen, wie Kopfschmerzen, Schlafstörungen, Magen-Darm-Symptome, Angst und Depression. Diese Dimension erkennt die Wechselwirkung zwischen körperlichem und emotionalem Wohlbefinden an und wie körperliche Symptome auf langanhaltenden Stress und emotionale Belastung hinweisen können.

Die CBO ist ein umfassendes Instrument, das in verschiedenen Kontexten angewendet werden kann und nicht auf den Arbeitsplatz beschränkt ist. Sie bietet eine umfassendere Sicht auf den Burnout-Zustand, da sie nicht nur die emotionalen, sondern auch die physischen und psychischen Aspekte berücksichtigt. Durch die Verwendung der CBO ist es möglich, eine ganzheitlichere Bewertung der Erfahrungen einer Person zu erhalten und auf Grundlage der Ergebnisse geeignete Interventionsstrategien zur Bewältigung des Burnouts zu entwickeln. Ähnlich wie beim MBI können die Ergebnisse der CBO Unternehmen und Organisationen dabei helfen, Bereiche zu identifizieren, die in Bezug auf das Wohlbefinden der Mitarbeiter Aufmerksamkeit erfordern, und die Förderung gesünderer Arbeitsumgebungen unterstützen.

Oldenburger Burnout-Skala (OLBI)

Die OLBI ist ein weiteres wichtiges Instrument zur Bewertung des Burnouts, insbesondere im beruflichen Kontext. Die OLBI zeichnet sich durch ihre Konzentration auf zwei Hauptdimensionen aus, die entscheidend sind, um den Burnout-Zustand einer Person zu verstehen:

Erschöpfung: Die Dimension der Erschöpfung in der OLBI ähnelt dem emotionalen Erschöpfungszustand, wie er im Maslach Burnout Inventory (MBI) und anderen Instrumenten bewertet wird. Sie misst Gefühle der physischen und emotionalen Erschöpfung sowie das Gefühl der Überlastung. Personen, die unter Burnout leiden, fühlen sich oft tief erschöpft, selbst nach ausreichender Erholung. Diese Erschöpfung kann sich negativ auf die Fähigkeit zur Bewältigung von Aufgaben in der Arbeit und im Alltag auswirken.

Entfremdung: Ein Unterscheidungsmerkmal der OLBI ist die Dimension der Entfremdung. Diese Dimension bewertet die Tendenz, sich emotional von der Arbeit oder anderen vom Burnout betroffenen Bereichen zu entfremden. Personen, die entfremdet sind, können beginnen, sich gleichgültig oder distanziert gegenüber Aufgaben, Arbeitskollegen oder anderen Verantwortlichkeiten zu fühlen. Dies kann zu einem Rückgang der Motivation und des Interesses an der Arbeit führen, sowie zur emotionalen Isolation.

Die OLBI ist besonders nützlich, um Frühsymptome des Burnouts zu identifizieren, insbesondere die Tendenz zur emotionalen Entfremdung von Aufgaben oder Verantwortlichkeiten. Sie bietet einen klaren und effektiven Ansatz zur Messung des Burnouts in Arbeitsumgebungen und kann sowohl für individuelle Bewertungen als auch für organisatorische Analysen verwendet werden.

Es ist wichtig zu betonen, dass Burnout-Bewertungstools, einschließlich der OLBI, keine endgültige Diagnose der Erkrankung liefern. Dennoch sind sie wertvoll, um die Präsenz und Schwere der Symptome zu bewerten. Wenn die Ergebnisse dieser Tools auf das Vorhandensein von Burnout hinweisen, ist es entscheidend, professionelle Anleitung für eine umfassendere Bewertung und einen angemessenen Behandlungsplan zu suchen. Die Unterstützung durch einen Fachmann für psychische Gesundheit, Therapeuten oder Psychologen kann entscheidend sein, um der Person effektiv dabei zu helfen, mit dem Burnout umzugehen und Strategien zur Genesung und zukünftigen Vorbeugung zu entwickeln.

FRÜHERKENNUNG VON BURNOUT

Das frühzeitige Erkennen von Anzeichen von Burnout ist ein entscheidender Schritt, um den Prozess zu stoppen, bevor er destruktiv wird. Lassen Sie uns diese Anzeichen im Detail erkunden, damit Sie sich ihrer bewusster werden und proaktiv handeln können, wenn Sie sie bemerken:

Anhaltende Müdigkeit

Anhaltende Müdigkeit ist oft eines der ersten Anzeichen von Burnout. Es ist wichtig zu verstehen, dass dies über gelegentliche Müdigkeit nach einem stressigen Arbeitstag hinausgeht. Die durch Burnout bedingte Müdigkeit ist tiefgreifend, anhaltend und bessert sich oft nicht einmal nach einer ausreichenden Nachtruhe. Sie können sich ständig erschöpft fühlen, was sich auf Ihre Fähigkeit zur effektiven Arbeit und im persönlichen Leben auswirkt. Auf diese anhaltende Müdigkeit zu achten, ist entscheidend, da sie ein Frühwarnzeichen sein kann.

Reizbarkeit

Reizbarkeit ist ein frühes emotionales Anzeichen für Burnout. Sie kann sich in Form von leichter Reizbarkeit bei Kleinigkeiten äußern, die normalerweise nicht stören würden. Diese übermäßige Reizbarkeit kann Ihre persönlichen und beruflichen Beziehungen beeinträchtigen und alltägliche Interaktionen herausfordernder machen. Achten Sie darauf, ob Sie aggressiver oder ungeduldiger reagieren als normal, da dies auf chronischen Stress hinweisen kann.

Verminderte Motivation

Ein Rückgang der Motivation ist ein Anzeichen dafür, dass Burnout sich entwickeln könnte. Aktivitäten, die früher motivierend und befriedigend waren, können beginnen, sinnlos und herausfordernd zu erscheinen. Dieser Verlust des Interesses kann sowohl in der Arbeit als auch in persönlichen Aktivitäten auftreten. Wenn Sie feststellen, dass Sie die Begeisterung für Dinge verlieren, die Sie früher geliebt haben, könnte dies ein Hinweis darauf sein, dass Sie auf Ihre emotionale Gesundheit achten sollten.

Konzentrationsschwierigkeiten

Burnout kann Ihre Fähigkeit zur Konzentration und Aufrechterhaltung der Aufmerksamkeit auf Aufgaben erheblich beeinträchtigen. Sie könnten feststellen, dass es schwierig ist, auf die Arbeit, das Studium oder sogar auf alltägliche Gespräche zu fokussieren. Auch das Kurzzeitgedächtnis kann beeinträchtigt sein, was es schwer macht, wichtige Informationen zu behalten. Diese Konzentrationsschwierigkeiten können die Arbeitsleistung beeinträchtigen und Frustration verursachen.

Körperliche Symptome

Körperliche Symptome wie häufige Kopfschmerzen, Muskelschmerzen, Magen-Darm-Beschwerden, Bauchschmerzen, Übelkeit und andere stressbedingte Symptome können darauf hinweisen, dass Burnout sich entwickelt. Diese Symptome sind eine direkte Reaktion auf anhaltenden Stress und emotionale Belastung. Es ist wichtig zu bedenken, dass Körper und Geist miteinander verbunden sind und emotionaler Stress sich als physische Symptome äußern kann.

Soziale Isolation

Soziale Isolation ist ein häufiges Verhalten bei Menschen, die Burnout erleben. Sie könnten beginnen, soziale Interaktionen zu meiden und sich von Freunden, Familie und Kollegen zurückzuziehen. Dies geschieht, weil soziale Interaktionen überwältigend erscheinen können und Sie sich emotional erschöpft fühlen. Achten Sie darauf, ob Sie feststellen, dass Sie sich zurückziehen und sich von Menschen entfernen, die normalerweise in Ihrem Leben sind.

Erhöhter Substanzmissbrauch

Das Zurückgreifen auf Alkohol, Drogen oder andere schädliche Verhaltensweisen zur Bewältigung von Stress ist ein besorgniserregendes Anzeichen dafür, dass Burnout vorhanden sein könnte. Diese Substanzen oder Verhaltensweisen können vorübergehend dazu dienen, den Druck zu lindern, können jedoch langfristig die Situation verschlechtern und zur Entwicklung von Burnout beitragen. Wenn Sie eine Zunahme des Substanzkonsums oder schädlichen Verhaltens feststellen, ist es wichtig, sofort Hilfe zu suchen.

Die frühzeitige Erkennung ist ein entscheidender Schritt im Umgang mit Burnout. Wenn Sie diese Symptome bei sich selbst erkennen, ist es wichtig, Hilfe zu suchen und Selbstmanagementstrategien in Betracht zu ziehen, wie die Reduzierung der Arbeitsbelastung, das

Setzen von Grenzen und das Üben von Stressbewältigungstechniken. Darüber hinaus sollten Sie in Erwägung ziehen, die Anleitung eines Fachmanns für psychische Gesundheit für zusätzliche Unterstützung und Orientierung zu suchen. Je früher Sie sich dem Burnout stellen, desto effektiver wird die Intervention und Genesung sein. Im nächsten Kapitel werden wir die Konsequenzen von Burnout besprechen.

5

FOLGEN VON BURNOUT

Betrachten Sie die Spiegel Ihrer Seele, um die Nuancen Ihrer Reise zu finden, und umarmen Sie den Mut, sich dem zu stellen, was Sie sehen.

Burnout ist nicht nur ein vorübergehender Zustand, der das Wohlbefinden einer Person für kurze Zeit beeinträchtigt. Er hat das Potenzial, signifikante und langanhaltende Auswirkungen auf alle Lebensbereiche zu haben. In diesem Kapitel werden wir die vielfältigen Konsequenzen von Burnout erkunden, angefangen bei den Auswirkungen auf die physische und psychische Gesundheit bis hin zu den Folgen für persönliche Beziehungen und die berufliche Leistung. Es ist wichtig, diese Konsequenzen zu verstehen, um die Motivation für angemessene Prävention und Behandlung zu fördern.

AUSWIRKUNGEN AUF DIE PHYSISCHEN UND PSYCHISCHEN GESUNDHEIT

Burnout ist ein komplexer Zustand, der sowohl die physische als auch die psychische Gesundheit erheblich beeinflusst. Lassen Sie uns die Konsequenzen dieses Zustands in beiden Bereichen genauer betrachten:

Probleme mit der physischen Gesundheit

Chronischer Stress, der mit Burnout einhergeht, kann eine Reihe von physischen Gesundheitsproblemen auslösen, die, wenn sie nicht angemessen behandelt werden, chronisch und lähmend werden können. Hier sind einige Möglichkeiten, wie Burnout die physische Gesundheit beeinflussen kann:

Körperliche Symptome: Chronischer Stress im Zusammenhang mit Burnout kann eine Reihe von körperlichen Symptomen auslösen. Häufige Kopfschmerzen, Muskelverspannungen, Rückenschmerzen, Bauchschmerzen und Magen-Darm-Störungen sind häufige Beispiele. Diese Symptome können chronisch und lähmend werden, wenn Burnout anhält.

Kompromittiertes Immunsystem: Anhaltender Stress unterdrückt das Immunsystem und macht den Körper anfälliger für Infektionen. Menschen mit Burnout neigen dazu, häufiger krank zu werden und länger zur Genesung von einfachen Krankheiten zu benötigen.

Herz-Kreislauf-Probleme: Burnout wird mit einem erhöhten Risiko für Herz-Kreislauf-Probleme wie Bluthochdruck, Herzerkrankungen und Schlaganfällen in Verbindung gebracht. Chronischer Stress kann Veränderungen in der Herz-Kreislauf-Funktion hervorrufen und das Risiko für Herz-Kreislauf-Erkrankungen erhöhen.

Verschlechterung bestehender medizinischer Zustände: Menschen mit bestehenden medizinischen Zuständen wie Diabetes, Autoimmunerkrankungen oder chronischen Störungen können eine Verschlechterung ihrer Symptome aufgrund von Burnout erleben. Stress kann diese Bedingungen auslösen oder verschlimmern.

Auswirkungen auf die psychische Gesundheit

Burnout beschränkt sich nicht nur darauf, die körperliche Gesundheit zu beeinträchtigen; er hat auch erhebliche Auswirkungen auf die psychische Gesundheit der Menschen. Die psychologischen Konsequenzen von Burnout sind genauso bedeutsam wie die physischen und können sich tiefgreifend auf die Lebensqualität einer Person auswirken. Wie beeinflusst Burnout die psychische Gesundheit und welche Auswirkungen hat er:

Depression: Burnout führt oft aufgrund emotionaler Erschöpfung und Hoffnungslosigkeitsgefühlen zur Depression. Menschen mit Burnout können tiefe Traurigkeit, mangelnde Freude an alltäglichen Aktivitäten und ein Desinteresse an der Welt um sie herum erleben.

Angst: Angst ist eine weitere häufige Konsequenz von Burnout. Übermäßige Sorgen, ständige Nervosität, Reizbarkeit und sogar Panikattacken können als Ergebnis des mit diesem Zustand verbundenen chronischen Stresses auftreten.

Emotionale Erschöpfung: Die emotionale Erschöpfung, eine der Hauptkomponenten von Burnout, kann zu einem allgemeinen Gefühl der physischen und geistigen Erschöpfung führen. Dies kann alltägliche Aktivitäten wie das Aufstehen morgens überwältigend erscheinen lassen.

Niedriges Selbstwertgefühl: Burnout kann das Selbstwertgefühl einer Person beeinträchtigen und sie dazu bringen, sich nutzlos oder unzureichend zu fühlen. Der Mangel an beruflicher Erfüllung und das Gefühl der Unfähigkeit, mit Stress umzugehen, können das Selbstvertrauen untergraben.

Erhöhtes Risiko für psychische Störungen: Burnout kann das Risiko für die Entwicklung von psychischen Störungen wie Generalisierte Angststörung (GAS), Panikstörung, Zwangsstörung (OCD) und schwere depressive Störung (MDD) signifikant erhöhen. Es handelt sich oft um einen Zustand, der sich mit anderen psychischen Gesundheitsproblemen überschneidet.

Erhöhtes Risiko für den Missbrauch von Substanzen: Der Versuch, Stress zu lindern, kann einige Menschen mit Burnout dazu veranlassen, Alkohol, Drogen oder andere selbstschädigende Verhaltensweisen zu nutzen. Dies kann zu Substanzmissbrauch führen und die Bewältigung von Burnout weiter komplizieren.

Es ist wichtig zu verstehen, dass Burnout nicht nur eine emotionale oder psychologische Angelegenheit ist; er hat tiefgreifende Auswirkungen auf die physische und psychische Gesundheit. Eine angemessene Behandlung und die Suche nach professioneller Unterstützung sind entscheidend, um diese Auswirkungen zu mildern und das Wohlbefinden wiederherzustellen. Das Erkennen der Frühsymptome und das Ergreifen von Maßnahmen zur Stressbewältigung sind entscheidende Schritte zur Vermeidung dieser Konsequenzen.

BEEINFLUSSTE PERSÖNLICHE UND SOZIALE BEZIEHUNGEN

Burnout betrifft nicht nur den Einzelnen, sondern hat auch Auswirkungen auf persönliche und soziale Beziehungen. Lassen Sie uns im Detail erkunden, wie dieser Zustand diese Bereiche beeinflussen kann:

Angespannte persönliche Beziehungen

Burnout ist keine Bedingung, die nur Einzelpersonen betrifft; er hat einen erheblichen Einfluss auf persönliche Beziehungen, einschließlich familiärer, romantischer und freundschaftlicher Beziehungen. Die Auswirkungen von Burnout auf persönliche Beziehungen:

Familiäre Konflikte: Burnout kann zu erheblichen familiären Konflikten führen. Reizbarkeit, Energiemangel und die Unfähigkeit, mit Stress umzugehen, können zu häufigen Auseinandersetzungen und Spannungen innerhalb der Familie führen. Familienmitglieder können sich vernachlässigt und überfordert fühlen durch den emotionalen Zustand der Person mit Burnout.

Betroffene romantische Beziehungen: Romantische Beziehungen leiden oft unter Burnout. Das nachlassende Interesse am Partner, das Fehlen von Intimität aufgrund von Erschöpfung und erhöhtem Stress können die Qualität der Beziehung beeinträchtigen. Partner können sich unbeachtet oder missverstanden fühlen.

Belastete Freundschaften: Burnout kann auch Freundschaften beeinflussen. Personen mit Burnout neigen dazu, sich aufgrund sozialer Isolation und Energiemangel von Freunden zurückzuziehen. Dies kann zu einem allmählichen Entfremden und einer Abnahme der Qualität von Freundschaften führen.

Auswirkungen auf Kinder: Wenn Kinder in der Familie sind, kann der Burnout der Eltern sie erheblich beeinflussen. Kinder reagieren empfindlich auf die Emotionen und das Verhalten der Eltern und können sich unsicher oder besorgt fühlen, wenn die Eltern emotional distanziert oder gereizt sind.

Es ist wichtig zu erkennen, dass Burnout nicht nur die Person betrifft, die ihn erlebt; er hat erhebliche Auswirkungen auf persönliche Beziehungen. Offene Kommunikation, gegenseitige Unterstützung und gelegentlich die Inanspruchnahme von Beratung oder Therapie können wesentlich sein, um Beziehungen, die von Burnout betroffen sind, wiederherzustellen.

Soziale Auswirkungen

Burnout betrifft nicht nur den Einzelnen; er hat auch erhebliche Auswirkungen auf soziale Interaktionen und die Zugehörigkeit zu Gruppen und Gemeinschaften. Weitere Überlegungen zu den sozialen Auswirkungen von Burnout:

Soziale Isolation: Soziale Isolation ist eine häufige Folge von Burnout. Aufgrund von Stress und Erschöpfung können Menschen mit Burnout soziale Interaktionen vermeiden, einschließlich Treffen mit Freunden, Familienveranstaltungen oder sozialen Aktivitäten im Allgemeinen. Dies kann zu Gefühlen von Einsamkeit und Isolation führen.

Reduzierte soziale Teilhabe: Neben der Isolation reduzieren Menschen mit Burnout häufig ihre Beteiligung an sozialen Gruppen, Organisationen oder Gemeinschaften, denen sie zuvor angehört haben. Dieser soziale Rückzug kann sich negativ auf das Zugehörigkeitsgefühl und die soziale Unterstützung auswirken, die wesentliche Elemente für das emotionale Wohlbefinden sind.

Burnout ist nicht nur eine individuelle Angelegenheit; er hat einen signifikanten Einfluss auf zwischenmenschliche und soziale Beziehungen. Menschen mit Burnout sollten diese Nebenwirkungen erkennen und Unterstützung nicht nur für ihre eigene Genesung, sondern auch zur Stärkung ihrer persönlichen und sozialen Beziehungen in Betracht ziehen. Offene Kommunikation mit Angehörigen und Freunden ist ein entscheidender Schritt, um diese Herausforderungen zu bewältigen und gegenseitige Unterstützung zu suchen.

BEEINTRÄCHTIGTE ARBEITSLEISTUNG

Burnout hat einen signifikanten Einfluss auf die Arbeitsleistung, was zu beruflichen Nachteilen führen kann. Einige der Möglichkeiten, wie Burnout die Arbeitsleistung beeinflussen kann, sind:

Verminderte Produktivität

Burnout beeinflusst die Arbeitsproduktivität erheblich und beeinträchtigt die Fähigkeit der Menschen, ihre Aufgaben effektiv und effizient auszuführen. Wie Burnout die Produktivität beeinflusst:

Häufige Fehler: Aufgrund von Konzentrationsschwierigkeiten und verstärkten Stresssymptomen neigen Personen mit Burnout dazu, am Arbeitsplatz häufiger Fehler zu machen. Diese Fehler können von kleinen Tippfehlern bis hin zu schwerwiegenden Fehlern in Projekten oder Aufgaben reichen.

Verpasste Fristen: Der Mangel an Motivation und die Erschöpfung können zu Verzögerungen bei der Projektabgabe und zur unzureichenden Einhaltung von Fristen führen. Dies kann sich nicht nur auf die eigene Arbeit auswirken, sondern auch auf die Arbeit der Kollegen und das Image des Unternehmens bei Kunden und Partnern.

Zusammenfassend lässt sich sagen, dass die verminderte Produktivität eine der sichtbarsten und schädlichsten Konsequenzen von Burnout am Arbeitsplatz ist. Sie betrifft nicht nur die Einzelperson, sondern kann sich auch kaskadenartig auswirken und das Team und die Organisation als Ganzes beeinträchtigen. Es ist daher entscheidend, die Symptome von Burnout anzuerkennen und anzugehen, um diese negativen Auswirkungen auf die Produktivität und die Arbeitsqualität zu minimieren.

Abwesenheit und Mitarbeiterfluktuation

Burnout hat einen signifikanten Einfluss auf die Anwesenheit am Arbeitsplatz und die Mitarbeiterfluktuation. Hier sind weitere Einzelheiten zu diesen Auswirkungen:

Krankheitsbedingte Abwesenheit: Burnout führt häufig zu krankheitsbedingter Abwesenheit aufgrund von stressbedingten Gesundheitsproblemen. Personen mit Burnout benötigen möglicherweise medizinische Auszeiten, um die physischen und emotionalen Symptome dieser Erkrankung zu bewältigen.

Mitarbeiterfluktuation: Burnout kann zur Mitarbeiterfluktuation beitragen. Betroffene Personen können sich nach weniger stressigen Arbeitsplätzen umsehen, ihre berufliche Laufbahn ändern oder sogar vorübergehend aus dem Arbeitsmarkt ausscheiden, um sich zu erholen. Mitarbeiterfluktuation kann teuer sein, einschließlich der Kosten für Neueinstellungen und Schulungen neuer Mitarbeiter.

Burnout kann zu vermehrter Abwesenheit am Arbeitsplatz führen, da die Betroffenen physische und emotionale Symptome aufweisen, die Behandlung und Genesung erfordern. Darüber hinaus ist die Mitarbeiterfluktuation eine Sorge, da Individuen nach gesünderen und ausgewogeneren Arbeitsumgebungen suchen können. Daher sollten Organisationen sich dieser Auswirkungen bewusst sein und Maßnahmen zur Prävention und Bewältigung von Burnout bei ihren Mitarbeitern ergreifen, um eine gesunde und unterstützende Arbeitsumgebung zu fördern.

Beeinträchtigte Arbeitsplatzbeziehungen

Burnout betrifft nicht nur die individuelle Gesundheit, sondern hat auch erhebliche Auswirkungen auf die Beziehungen am Arbeitsplatz. Wie Burnout sich auf Arbeitsplatzbeziehungen auswirken kann:

Konflikte mit Kollegen: Burnout kann zu Konflikten mit Arbeitskollegen führen, aufgrund einer negativen Einstellung gegenüber Verantwortlichkeiten und der Arbeitsumgebung. Reizbarkeit und mangelnde Geduld können zu Missverständnissen führen und die Teamarbeit beeinträchtigen.

Zynisches Verhalten: Menschen mit Burnout entwickeln oft eine zynische Haltung gegenüber ihrer Arbeit. Sie könnten die Bedeutung oder den Zweck ihrer Aufgaben in Frage stellen, was zu mangelndem

Engagement und einer weniger kooperativen Arbeitsumgebung führen kann.

Geringes Engagement und Motivation: Burnout führt in der Regel zu einem Rückgang des Engagements und der Motivation der Mitarbeiter. Aufgaben, die zuvor mit Begeisterung erledigt wurden, können nun überwältigend und uninteressant erscheinen, was zu einer Abnahme der Arbeitsqualität und Zielerreichung führt.

Die Auswirkungen von Burnout auf die Arbeitsleistung sind sowohl für Einzelpersonen als auch für Organisationen eine erhebliche Sorge. Es ist entscheidend, diese frühen Anzeichen zu erkennen und Unterstützung zu suchen, um zu verhindern, dass der Zustand die Karriere und den Arbeitsplatz negativ beeinflusst. Unternehmen können eine entscheidende Rolle bei der Unterstützung der geistigen Gesundheit ihrer Mitarbeiter spielen, indem sie gesunde Arbeitspraktiken fördern und Ressourcen zur Prävention und Bewältigung von Burnout bereitstellen.

LANGZEITWIRKUNGEN

Burnout ist keine vorübergehende Erkrankung; es kann langfristige Auswirkungen haben, die das Leben einer Person erheblich beeinflussen. Es ist wichtig, diese Auswirkungen zu verstehen, um die Schwere des Burnouts und die Notwendigkeit einer angemessenen

Behandlung zu erkennen. Dies sind Langzeitwirkungen, die durch Burnout ausgelöst werden können:

Rückkehr von Burnout

Wenn es nicht ordnungsgemäß behandelt wird, kann Burnout zu einem wiederkehrenden Zustand werden. Personen, die einmal Burnout erlebt haben, können in der Zukunft möglicherweise erneut davon betroffen sein, insbesondere wenn die zugrunde liegenden Ursachen nicht behoben werden. Das bedeutet, dass Burnout zu einem Zyklus von Erschöpfung und Erholung werden kann, der das Leben und das Wohlbefinden wiederholt beeinträchtigt.

Berufliche Auswirkungen

Burnout kann die Karriere einer Person ernsthaft beeinträchtigen und zu beruflicher Stagnation, Verlust von Entwicklungschancen und sogar Entlassung führen.

Berufliche Stagnation: Burnout kann die Karriere einer Person ernsthaft behindern. Es kann zu beruflicher Stagnation führen, da die betroffene Person möglicherweise nicht die Energie oder Motivation hat, um nach Entwicklungsmöglichkeiten zu suchen.

Verlust von Chancen: Die schlechte Leistung aufgrund von Burnout kann zum Verlust von Wachstums- und Karrierechancen führen. Dies beinhaltet den Verlust von Beförderungen, Gehaltserhöhungen und herausfordernden Projekten, die die Karriere vorantreiben könnten.

Kündigung: In schwerwiegenden Fällen kann Burnout zur Kündigung führen. Wenn die Arbeitsleistung aufgrund von Burnout konsequent beeinträchtigt ist und keine Korrekturmaßnahmen ergriffen werden, können Arbeitgeber beschließen, das Arbeitsverhältnis zu beenden.

Chronische Gesundheitsprobleme

Die langanhaltende Belastung durch mit Burnout verbundenen Stress kann zur Entwicklung chronischer Gesundheitsprobleme beitragen. Diese Gesundheitsprobleme können langfristig bestehen und kontinuierliche Behandlung erfordern. Einige der chronischen Gesundheitsprobleme, die mit Burnout in Verbindung gebracht werden, sind:

Bluthochdruck: Chronischer Stress kann zu einem Anstieg des Blutdrucks führen, was zu Bluthochdruck führt. Bluthochdruck ist ein signifikanter Risikofaktor für Herzerkrankungen und andere Gesundheitsprobleme.

Herzerkrankungen: Langer anhaltender Stress erhöht auch das Risiko von Herzerkrankungen. Dazu gehören Zustände wie Arteriosklerose (Ablagerungen in den Arterien), die zu Herzinfarkten und Schlaganfällen führen können.

Diabetes: Chronischer Stress wurde mit der Entwicklung von Typ-2-Diabetes in Verbindung gebracht. Insulinresistenz und andere stressbedingte Faktoren können zur Entwicklung dieser Erkrankung beitragen.

Chronische Magen-Darm-Probleme: Magen-Darm-Probleme wie Geschwüre, das Reizdarmsyndrom (IBS) und andere Störungen können aufgrund anhaltenden Stresses chronisch werden.

Diese chronischen Gesundheitszustände beeinträchtigen nicht nur die Lebensqualität, sondern können im Laufe der Zeit zu erheblichen Gesundheitskosten führen.

Langanhaltende psychische Probleme

Ungelöster Burnout kann zu anhaltenden psychischen Problemen führen, wie chronischer Depression, anhaltender Angst und wiederkehrenden psychischen Störungen.

Chronische Depression: Unbehandelter Burnout kann zu chronischer Depression führen. Depressive Symptome können über lange Zeiträume anhalten und das emotionale Wohlbefinden und die Fähigkeit, das Leben zu genießen, beeinträchtigen.

Anhaltende Angst: Auch Angst kann aufgrund von unbehandeltem Burnout anhalten. Dies kann zu übermäßigen Sorgen, anhaltender Nervosität und Angstsymptomen führen, die den Alltag beeinflussen.

Wiederkehrende psychische Störungen: Burnout kann das Risiko für die Entwicklung wiederkehrender psychischer Störungen erhöhen, wie Generalisierte Angststörung (GAS), Panikstörung und Major Depression.

Diese Störungen können langfristige Behandlung erfordern.

Auswirkungen auf persönliche Beziehungen

Die Konsequenzen von Burnout können lang anhaltende Auswirkungen auf persönliche Beziehungen haben, einschließlich Familien- und Liebesbeziehungen. Reizbarkeit, emotionale Distanz und Energiemangel können zu Konflikten führen und die Intimität in Beziehungen beeinträchtigen. Diese Auswirkungen können viele Jahre dauern, wenn Burnout nicht angemessen behandelt wird.

Verminderte Lebensqualität

Burnout kann die Fähigkeit zur Zufriedenheit bei der Arbeit, in Beziehungen und bei persönlichen Aktivitäten dauerhaft beeinträchtigen. Die Lebensqualität kann erheblich abnehmen, und Aktivitäten, die einst Freude bereiteten, können ihren Reiz verlieren.

Verlust von Sinn und Zweck

Eine der tiefgreifendsten Konsequenzen von Burnout ist der Verlust von Sinn und Zweck im Leben. Menschen können den Wert ihrer Arbeit und Handlungen in Frage stellen, was zu einer existenziellen Krise führen kann, die viele Jahre anhält. Dieser Sinnverlust kann lang anhaltende Auswirkungen auf die Lebenszufriedenheit und die Suche nach Bedeutung haben.

Burnout sollte nicht unterschätzt werden. Seine Konsequenzen können tiefgreifend und langanhaltend sein, und sie beeinflussen nicht nur die körperliche und geistige Gesundheit, sondern auch persönliche Beziehungen, die Arbeitsleistung und die Lebensqualität. Frühzeitiges Erkennen der Anzeichen von Burnout, das Einholen von Hilfe, wenn nötig, und die Implementierung von Präventions- und Bewältigungsstrategien zur Vermeidung der Verschlimmerung dieser Erkrankung sind von entscheidender Bedeutung. Burnout ist kein Zeichen von Schwäche, sondern ein Spiegelbild der übermäßigen und anhaltenden Anforderungen, denen viele Menschen in ihrem Leben ausgesetzt sind. Die ernsthafte Behandlung von Burnout ist entscheidend für das langfristige Wohlbefinden und die Gesundheit.

6
BURNOUT-PRÄVENTION

In der Kunst der Prävention formen wir einen undurchdringlichen Schild gegen das Burnout, um unseren Schutz und unser Wachstum zu gewährleisten.

Burnout ist ein lähmender Zustand, der schwerwiegende Auswirkungen auf die körperliche und geistige Gesundheit sowie auf die Lebensqualität haben kann. Glücklicherweise gibt es effektive Strategien zur Verhinderung von Burnout und zur Aufrechterhaltung eines gesunden Gleichgewichts zwischen Arbeit, Privatleben und emotionalem Wohlbefinden. In diesem Kapitel werden wir die entscheidenden Aspekte der Burnout-Prävention erkunden. Prävention ist ein wesentlicher Bestandteil der psychischen Gesundheitsfürsorge und des allgemeinen Wohlbefindens, von dem alle profitieren können, wenn sie proaktiv Maßnahmen ergreifen, um Burnout zu verhindern.

GESUNDE GRENZEN FESTLEGEN

Das Festlegen von gesunden Grenzen ist ein wesentlicher Bestandteil der Burnout-Prävention. Oft tritt Burnout auf, wenn Menschen ihre physischen, emotionalen und mentalen Grenzen überschreiten. Hier sind einige Möglichkeiten, wie Sie gesunde Grenzen setzen und aufrechterhalten können:

Lernen Sie zu sagen "Nein"

Eine der mächtigsten Fähigkeiten, die Sie entwickeln können, ist die Fähigkeit, "Nein" zu sagen, wenn es notwendig ist. Dies bedeutet, Ihre eigenen Grenzen anzuerkennen und sich nicht mit übermäßigen Verpflichtungen zu überlasten. Bedenken Sie, dass "Nein" sagen nicht egoistisch ist; es ist eine Möglichkeit, Ihre geistige und emotionale Gesundheit zu schützen.

Setzen Sie klare Prioritäten

Die Identifizierung und Festlegung Ihrer Prioritäten ist entscheidend für das Festlegen gesunder Grenzen. Dies hilft, die Energie nicht in weniger bedeutende Aufgaben zu streuen. Nehmen Sie sich Zeit, um zu bewerten, was in Ihrem Leben, sei es in der Arbeit, in persönlichen Beziehungen oder in Ihren täglichen Aktivitäten, am wichtigsten ist.

Setzen Sie Grenzen bei der Arbeit

Am Arbeitsplatz ist es entscheidend, klare Grenzen zu setzen. Legen Sie Ihre Arbeitszeiten fest und versuchen

Sie, sich daran zu halten. Vermeiden Sie es, Arbeit nach Hause mitzunehmen, wann immer dies möglich ist, um sicherzustellen, dass Sie Zeit zum Abschalten und Aufladen außerhalb des Arbeitsumfelds haben.

Sprechen Sie mit Ihrem Arbeitgeber

Wenn Sie das Gefühl haben, dass Ihre Arbeitsbelastung zu hoch ist und Stress verursacht, ist es wichtig, mit Ihrem Arbeitgeber zu sprechen. Kommunizieren Sie Ihre Bedenken auf nachdrückliche Weise und schlagen Sie realistische Lösungen vor. Dies kann eine Neuverteilung von Aufgaben, eine Reduzierung der Arbeitslast oder eine Diskussion über realistischere Fristen beinhalten.

Üben Sie die assertive Kommunikation

Assertive Kommunikation ist eine wertvolle Fähigkeit, um gesunde Grenzen sowohl bei der Arbeit als auch in persönlichen Beziehungen zu setzen. Dies beinhaltet, Ihre Bedürfnisse und Grenzen respektvoll und bestimmt auszudrücken. Denken Sie daran, dass Sie assertiv sein können, ohne aggressiv zu sein, und das hilft Konflikte zu vermeiden und sicherzustellen, dass Ihre Bedürfnisse erfüllt werden.

Machen Sie regelmäßige Pausen

Sowohl am Arbeitsplatz als auch im täglichen Leben sind regelmäßige Pausen unerlässlich, um Burnout zu vermeiden. Kurze Pausen während des Tages ermöglichen es Ihnen, sich auszuruhen, Ihre Energie wieder aufzuladen und ein gesundes Maß an Produktivität aufrechtzuerhalten. Vergessen Sie nicht, dass regelmäßige Pausen ein wichtiger Bestandteil eines effektiven Zeitmanagements sind.

Respektieren Sie Ihre Freizeit

Nehmen Sie sich Zeit für Freizeitaktivitäten, die Ihnen Freude und Entspannung bringen. Die Bewahrung Ihrer Freizeit ist ein wesentlicher Bestandteil des Setzens gesunder Grenzen. Dies kann Hobbys, Zeit mit Freunden und Familie oder einfach nur Entspannung beinhalten.

Bewusstsein für das Setzen gesunder Grenzen ist nicht nur eine Burnout-Präventionsstrategie, sondern auch eine Möglichkeit, Ihre allgemeine Lebensqualität zu verbessern. Dies beinhaltet das regelmäßige Üben der Selbstreflexion, um zu wissen, wann es Zeit ist, "Nein" zu sagen und wann es wichtig ist, Zeit für Selbstpflege und Erholung zu finden.

ENTWICKLUNG VON ZEITMANAGEMENT-FÄHIGKEITEN

Die Entwicklung effektiver Zeitmanagement-Fähigkeiten ist ein leistungsstarkes Werkzeug zur Verhinderung von Burnout. Wenn Sie Ihre Zeit effektiv verwalten, können Sie den mit Arbeit und Privatleben verbundenen Stress reduzieren, Zeit für Selbstfürsorge schaffen und persönlichen Bedürfnissen gerecht werden.

Methoden zur Entwicklung von Zeitmanagement-Fähigkeiten:

Setzen Sie klare Ziele

Das Festlegen spezifischer Ziele für Ihre Aufgaben und Projekte ist entscheidend für effektives Zeitmanagement. Dies hilft, den Fokus zu behalten, Prioritäten zu setzen und das Gefühl der Überlastung zu vermeiden. Mit klaren Zielen wissen Sie genau, was getan werden muss, und können Ihre Zeit entsprechend planen.

Priorisieren Sie Aufgaben

Die Identifizierung von Aufgaben, die dringend und wichtig sind, ist ein Schlüsselaspekt effektiven Zeitmanagements. Verwenden Sie Techniken wie die Eisenhower-Matrix, die Aufgaben basierend auf ihrer Bedeutung und Dringlichkeit in Quadranten aufteilt. Priorisieren Sie Aufgaben, die in den Quadranten "wichtig und dringend" fallen, und konzentrieren Sie sich zuerst auf sie.

Erstellen Sie einen Zeitplan

Die Entwicklung eines täglichen oder wöchentlichen Zeitplans kann Ihnen helfen, Ihre Zeit effektiv zu organisieren. Planen Sie Zeit für wichtige Aufgaben, aber auch für Ruhe und Freizeitaktivitäten ein. Ein strukturierter Zeitplan hilft, Zeitverschwendung zu vermeiden und sicherzustellen, dass Sie genügend Zeit für jeden Lebensbereich haben.

Vermeiden Sie das Aufschieben

Das Aufschieben ist eine Gewohnheit, die den Stress erheblich steigern kann, wenn Fristen näher rücken und Aufgaben sich ansammeln. Das Überwinden des Aufschiebens ist entscheidend. Sie können Zeitmanagement-Techniken wie die Pomodoro-Technik verwenden, um Aufgaben in fokussierte Zeitblöcke zu unterteilen, die von kurzen Pausen unterbrochen werden.

Nutzen Sie Produktivitätstools

Es gibt zahlreiche Produktivitätstools wie Aufgabenmanagement-Apps, Kalender und persönliche Organisationssoftware. Diese Tools können wertvoll sein, um Aufgaben zu organisieren, Erinnerungen festzulegen und die Kontrolle über Ihre Zeit zu behalten. Probieren Sie verschiedene Tools aus, um diejenigen zu finden, die am besten zu Ihrer Arbeitsweise passen.

Lernen Sie, "genug" zu sagen

Erkennen Sie Ihre eigenen Grenzen und wissen Sie, wann Sie Ihre maximale Arbeitskapazität für einen Tag erreicht haben. Darüber hinaus zu gehen, kann zu Erschöpfung führen. Lernen Sie "genug" zu sagen, wenn Sie das Gefühl haben, keine weiteren Aufgaben oder Verantwortlichkeiten übernehmen zu können. Dies ist entscheidend, um Ihre geistige und emotionale Gesundheit zu schützen.

Überprüfen und anpassen

Überprüfen Sie regelmäßig Ihre Zeitmanagement-Strategien, um sicherzustellen, dass sie gut für Sie funktionieren. Seien Sie bereit, Anpassungen vorzunehmen, wenn nötig, da sich die Umstände im Laufe der Zeit ändern können. Mit zunehmender Erfahrung in effektivem Zeitmanagement können Sie Ihre Strategien an Ihre spezifischen Bedürfnisse anpassen.

Die Entwicklung solider Zeitmanagement-Fähigkeiten trägt nicht nur zur Verhinderung von Burnout bei, sondern verbessert auch Ihre Gesamtproduktivität und ermöglicht ein gesünderes Gleichgewicht zwischen Arbeit, Privatleben und Selbstfürsorge. Das kontinuierliche Üben dieser Fähigkeiten kann zu einem ausgewogeneren Leben führen und die Anfälligkeit für chronischen Stress verringern.

UNTERSTÜTZUNG UND RESSOURCEN SUCHEN

Die Suche nach sozialer Unterstützung und Ressourcen ist ein entscheidender Teil der Prävention und Bewältigung von Burnout. Die emotionalen Belastungen und der mit Burnout verbundene Stress können überwältigend sein, und das Teilen Ihrer Bedenken mit anderen und die Inanspruchnahme professioneller Hilfe können wesentliche Schritte sein. Hier sind Möglichkeiten, wie Sie Unterstützung suchen können:

Sprechen Sie mit einem Gesundheitsfachmann

Wenn Sie Symptome von Burnout erleben oder das Gefühl haben, kurz davor zu sein, konsultieren Sie einen Fachmann im Bereich der psychischen Gesundheit. Therapie und Beratung bei einem Psychologen, Psychiater oder einem anderen qualifizierten Fachmann können äußerst wirksam sein. Ein Fachmann für psychische Gesundheit kann Ihnen dabei helfen, die zugrunde liegenden Faktoren zu identifizieren und anzugehen, die zum Burnout beitragen, und Bewältigungsstrategien bereitstellen.

Teilen Sie sich mit Freunden und Familie

Zögern Sie nicht, Ihre Gefühle und Bedenken mit engen Freunden und Familienmitgliedern zu teilen. Emotionale Unterstützung von geliebten Menschen kann einen großen Unterschied in Ihrem Genesungsweg ausmachen. Sie können zuhören, Verständnis zeigen und sogar hilfreiche Vorschläge machen.

Nutzen Sie die Ressourcen des Unternehmens

Viele Unternehmen bieten ihren Mitarbeitern Ressourcen zur Bewältigung von Burnout und Arbeitsstress. Mitarbeiterunterstützungsprogramme (EAPs) sind weit verbreitet und können Dienstleistungen wie Beratung, rechtliche und finanzielle Unterstützung umfassen. Informieren Sie sich über diese Ressourcen und nutzen Sie sie nach Bedarf. Kontaktieren Sie die Personalabteilung oder die Personalabteilung Ihres

Unternehmens, um Informationen über verfügbare Dienstleistungen zu erhalten.

Nehmen Sie an Selbsthilfegruppen teil

Selbsthilfegruppen sind Umgebungen, in denen Sie Erfahrungen und Herausforderungen mit anderen teilen können, die ähnliche Probleme haben. Die Teilnahme an einer Selbsthilfegruppe kann ein Gefühl der Gemeinschaft, gegenseitiges Verständnis und gemeinsame Bewältigungsstrategien bieten. Diese Gruppen können persönlich oder online stattfinden.

Konsultieren Sie einen Lebenscoach oder Fachmann

Ein Lebenscoach oder Fachmann kann eine wertvolle Unterstützungsquelle sein. Sie können Ihnen dabei helfen, spezifische Strategien zur Bewältigung von Burnout zu entwickeln, Ziele zu setzen und Ihre Lebensqualität zu verbessern. Ein Coach kann Anleitung und Ermutigung bieten, während Sie daran arbeiten, die Herausforderungen des Burnout zu bewältigen.

Bilden Sie sich über Burnout

Die Aufklärung über Burnout ist ein leistungsstarkes Werkzeug zur Prävention und Bewältigung. Je mehr Sie über Burnout, seine Symptome, Ursachen und Bewältigungsstrategien wissen, desto besser sind Sie darauf vorbereitet, mit diesem Zustand umzugehen. Erwägen Sie das Lesen von Büchern, die Teilnahme an Kursen oder den Zugriff auf vertrauenswürdige Online-

Ressourcen, um Informationen und Einblicke über Burnout zu erhalten.

Verstehen Sie, dass es keine Scham ist, Hilfe und Unterstützung in Anspruch zu nehmen, wenn Sie mit Burnout konfrontiert sind. Tatsächlich ist die Anerkennung, dass Sie Unterstützung benötigen, ein wichtiger Schritt in Richtung Genesung und zukünftiger Prävention. Jeder Mensch ist einzigartig, daher ist die Auswahl von Unterstützungsoptionen, die Ihren individuellen Bedürfnissen am besten gerecht werden, entscheidend für Ihr emotionales und mentales Wohlbefinden.

SELBSTFÜRSORGE KULTIVIEREN

Selbstfürsorge spielt eine entscheidende Rolle bei der Vorbeugung von Burnout und der Aufrechterhaltung eines ausgewogenen und gesunden Lebens. Es ist kein Egoismus, sondern eine grundlegende Investition in Ihre körperliche und geistige Gesundheit. Hier sind Möglichkeiten, wie Sie Selbstfürsorge kultivieren können:

Ausreichend Schlafen

Priorisieren Sie ausreichenden Schlaf. Qualitativ hochwertiger Schlaf ist entscheidend für die körperliche und geistige Gesundheit. Etablieren Sie einen regelmäßigen Schlafplan, schaffen Sie eine förderliche

Schlafumgebung und vermeiden Sie Gewohnheiten, die die Schlafqualität beeinträchtigen, wie übermäßiger Koffeinkonsum oder die langanhaltende Nutzung von elektronischen Geräten vor dem Schlafengehen.

Regelmäßige körperliche Aktivität

Regelmäßige körperliche Bewegung trägt nicht nur zur körperlichen Gesundheit bei, sondern auch zum mentalen Wohlbefinden. Körperliche Aktivität setzt Endorphine frei, chemische Stoffe im Gehirn, die die Stimmung heben und Stress reduzieren können. Finden Sie eine Aktivität, die Ihnen gefällt, sei es Spazierengehen, Laufen, Yoga, Schwimmen oder eine andere Form von Bewegung, und reservieren Sie regelmäßig Zeit dafür.

Gesunde Ernährung

Halten Sie eine ausgewogene Ernährung mit essenziellen Nährstoffen ein. Vermeiden Sie übermäßigen Konsum von verarbeiteten Lebensmitteln, die reich an Zucker und gesättigten Fettsäuren sind. Eine gesunde Ernährung kann die notwendige Energie und Nährstoffe liefern, um den täglichen Stress zu bewältigen.

Meditation und Achtsamkeitspraxis

Meditation und Achtsamkeitspraxis sind leistungsstarke Techniken zur Stressreduzierung und zur Steigerung des Bewusstseins für den gegenwärtigen Moment. Reservieren Sie täglich Zeit für Meditation oder üben Sie Achtsamkeit in Ihren alltäglichen Aktivitäten. Dies kann dazu beitragen, den Geist zu beruhigen und die Angst zu reduzieren.

Freizeit aktiv gestalten

Nehmen Sie sich Zeit für Aktivitäten, die Ihnen Freude und Entspannung bringen. Ob Lesen, Hobbys, Zeit im Freien oder das Genießen einer persönlichen Leidenschaft – es ist wichtig, Momente für das zu reservieren, was Sie glücklich macht. Freizeit ist ein wertvoller Ausweg aus dem täglichen Stress.

Digitale Grenzen setzen

Reduzieren Sie die Zeit, die Sie mit elektronischen Geräten und sozialen Medien verbringen. Die ständige Exposition gegenüber Informationen und Benachrichtigungen kann Stress erhöhen und zur Überlastung beitragen. Legen Sie Grenzen für die Gerätenutzung fest und reservieren Sie Zeiten ohne Bildschirme, um sich zu entkoppeln und neue Energie zu tanken.

Erholung priorisieren

Unterschätzen Sie nicht die Bedeutung der Erholung. Nehmen Sie Urlaub und freie Tage, wenn nötig. Ausreichende Erholung hilft, körperliche und geistige Erschöpfung zu vermeiden. Nutzen Sie diese Zeit, um zu entspannen, sich zu erneuern und sich selbst wiederzuentdecken.

Sorgen Sie für Ihre geistige Gesundheit

Üben Sie Selbstreflexion und Selbstakzeptanz. Seien Sie sich Ihrer Gefühle und Belastungen bewusst. Wenn nötig, suchen Sie professionelle Hilfe. Ein Therapeut oder Psychologe kann Anleitung und Unterstützung bei der Bewältigung von emotionalen Fragen bieten und wirksame Bewältigungsstrategien entwickeln.

Die Vorbeugung von Burnout erfordert einen ganzheitlichen Ansatz, der die Festlegung gesunder Grenzen, die Entwicklung von Zeitmanagementfähigkeiten, die Suche nach Unterstützung und Ressourcen sowie die Kultivierung der Selbstfürsorge umfasst. Durch die Umsetzung dieser Strategien in Ihrem Leben sind Sie besser gerüstet, um Burnout zu vermeiden und ein gesundes Gleichgewicht zwischen Arbeit, Privatleben und emotionaler Gesundheit aufrechtzuerhalten. Bedenken Sie, dass die Verhinderung von Burnout eine langfristige Investition in Ihre Gesundheit und Lebensqualität ist.

7
STRATEGIEN DER SELBSTFÜRSORGE

Wie ein Regentropfen, der die durstige Erde nährt, ist Selbstfürsorge der Elixier, das unsere Seele wiederbelebt.

Selbstfürsorge ist eine grundlegende Praxis, um unsere physische und mentale Gesundheit zu bewahren, Burnout vorzubeugen und langanhaltendes Wohlbefinden zu fördern. In einer immer hektischeren und anspruchsvolleren Welt wird es zur entscheidenden Priorität, Zeit für sich selbst zu reservieren. In diesem Kapitel werden grundlegende Selbstfürsorgestrategien erörtert, die eine entscheidende Rolle bei der Verhinderung von Burnout und der Förderung des allgemeinen Wohlbefindens spielen. Es werden Informationen und praktische Ratschläge bereitgestellt, um Ihnen bei der Entwicklung eines umfassenden und effektiven Selbstfürsorgeplans zu helfen.

KÖRPERLICHE AKTIVITÄT

Regelmäßige körperliche Bewegung bietet eine Vielzahl von gesundheitlichen Vorteilen, darunter Stressreduktion, Stimmungsverbesserung und Förderung geistiger Klarheit. Hier sind einige Möglichkeiten, wie Sie Bewegung in Ihre Selbstfürsorge integrieren können:

Finden Sie eine Aktivität, die Ihnen gefällt

Eine der Schlüsselkomponenten, um eine Trainingsroutine beizubehalten, ist die Auswahl einer Aktivität, die Ihnen Freude bereitet. Schließlich neigen Sie dazu, weiterhin etwas zu tun, das Sie wirklich mögen. Seien Sie kreativ und probieren Sie verschiedene Arten von Übungen aus, bis Sie etwas finden, das wirklich zu Ihnen passt. Dies kann ein belebender Spaziergang im Freien, eine energiegeladene Tanzklasse, Krafttraining, Yoga, Schwimmen oder eine andere körperliche Aktivität sein, die Sie genießen. Bedenken Sie, dass es keinen Einheitsansatz für alle gibt, und was für eine Person funktioniert, mag für eine andere weniger geeignet sein.

Setzen Sie realistische Ziele

Das Festlegen realistischer Bewegungsziele ist entscheidend, um die Motivation und den Fortschritt aufrechtzuerhalten. Stellen Sie sicher, dass Ihre Ziele erreichbar sind und Ihr aktuelles Fitnessniveau und Ihren Lebensstil berücksichtigen. Beginnen Sie langsam und steigern Sie die Intensität allmählich, wenn Sie sich wohler fühlen. Das Festlegen erreichbarer Ziele, wie beispielsweise dreimal pro Woche eine 30-minütige Wanderung zu machen, kann ein großartiger Ausgangspunkt sein. Wenn Sie stärker werden und mehr Selbstvertrauen gewinnen, können Sie Ihre Ziele anpassen, um anspruchsvollere Aktivitäten einzubeziehen.

Erstellen Sie einen konsistenten Zeitplan

Damit Bewegung zu einem effektiven Teil Ihrer Selbstfürsorge wird, ist es entscheidend, diese regelmäßig in Ihre Routine zu integrieren. Blockieren Sie Zeit in Ihrem Zeitplan für Bewegung und behandeln Sie diese Zeit mit der gleichen Wichtigkeit wie jede andere Aufgabe oder Verpflichtung. Indem Sie einen konsistenten Zeitplan erstellen, sind Sie eher dazu geneigt, körperlich aktiv zu bleiben. Vermeiden Sie Terminkonflikte, die sich auf Ihre Bewegungszeiten auswirken könnten, und betrachten Sie die Bewegung als eine nicht verhandelbare Verpflichtung gegenüber sich selbst.

Beteiligen Sie sich an sozialen Aktivitäten

Für einige Menschen ist Gruppenbewegung eine motivierende und sozial eingebundene Möglichkeit, aktiv zu bleiben. Die Teilnahme an Gruppenkursen wie Spinning, Gruppenyoga oder Tanzkursen kann nicht nur die physischen Vorteile der Bewegung bieten, sondern auch die Möglichkeit, soziale Verbindungen aufzubauen. Die Teilnahme an Mannschaftssportarten kann auch eine unterhaltsame Möglichkeit sein, aktiv zu bleiben und Beziehungen zu stärken. Die sozialen Aktivitäten im Zusammenhang mit Bewegung können die Motivation und das Engagement steigern und die Selbstfürsorge zu einer positiveren Erfahrung machen.

Variation praktizieren

Variation ist der Schlüssel, um Langeweile und Abnutzung in Ihrem Trainingsprogramm zu vermeiden. Darüber hinaus haben verschiedene körperliche Aktivitäten unterschiedliche Vorteile für den Körper. Das Wechseln zwischen aeroben Übungen wie Laufen oder Radfahren und Kraftübungen wie Krafttraining oder Yoga kann dazu beitragen, verschiedene Muskelgruppen zu trainieren und die allgemeine Gesundheit zu verbessern. Darüber hinaus kann das Ausprobieren neuer Aktivitäten aufregend und herausfordernd sein und Ihre Übungsroutine interessant halten. Denken Sie daran, dass Vielfalt nicht nur auf die Aktivitäten, sondern auch auf die Orte, an denen Sie trainieren, beschränkt ist. Der Wechsel zwischen Innen- und Außenbereichen kann Ihrer Übungserfahrung eine zusätzliche Dimension verleihen.

Es ist wichtig zu betonen, dass körperliche Bewegung ein wirksames Instrument zur Verhinderung von Burnout ist. Chronischer Stress, der häufig zu Burnout führt, kann durch regelmäßige Bewegung gelindert werden. Wenn Sie sich körperlich betätigen, setzt Ihr Körper Endorphine frei, Neurotransmitter, die für das Wohlbefinden verantwortlich sind. Darüber hinaus kann körperliche Bewegung die Schlafqualität verbessern, bei der Stress- und Angstbewältigung helfen, geistige Klarheit fördern und eine notwendige Auszeit von täglichen Sorgen und Verantwortlichkeiten bieten.

Daher ist körperliche Bewegung nicht nur ein wichtiger Bestandteil Ihrer Selbstfürsorge, sondern auch eine wirksame Strategie, um Ihre geistige und emotionale Gesundheit zu schützen und widerstandsfähiger gegen Burnout zu werden. Wenn Sie Bewegung in Ihre Selbstfürsorge-Routine integrieren, denken Sie daran, dass dies nicht nur eine Investition in Ihren Körper ist, sondern auch in Ihren Geist und Ihr allgemeines Wohlbefinden.

GESUNDE ERNÄHRUNG

Eine ausgewogene Ernährung spielt eine entscheidende Rolle für Ihr körperliches und emotionales Wohlbefinden. Was Sie essen, kann sich auf Ihr Energielevel, Ihre Stimmung und Ihre Fähigkeit, mit Stress umzugehen, auswirken. Hier sind Richtlinien für eine gesunde Ernährung:

Bevorzugen Sie Vollwertkost

Bevorzugen Sie natürliche und unverarbeitete Lebensmittel wie Obst, Gemüse, Vollkornprodukte, mageres Eiweiß und gesunde Fette. Vollwertkost ist reich an essenziellen Nährstoffen, Ballaststoffen und Antioxidantien, die für die allgemeine Gesundheit von grundlegender Bedeutung sind. Sie liefern Energie, die langsam freigesetzt wird und helfen dabei, stabile Energiestufen im Laufe des Tages aufrechtzuerhalten. Außerdem kann die Vielfalt an Vollwertkost in Ihrer

Ernährung zu einer umfassenden Nährstoffbalance beitragen.

Halten Sie sich hydriert

Wasser spielt eine entscheidende Rolle in vielen Körperfunktionen, einschließlich Verdauung, Blutkreislauf und Temperaturregulierung. Ausreichend hydriert zu bleiben, ist entscheidend für die ordnungsgemäße Funktion Ihres Körpers und die Aufrechterhaltung Ihrer allgemeinen Gesundheit. Stellen Sie sicher, dass Sie im Laufe des Tages regelmäßig Wasser trinken, insbesondere wenn Sie körperlich aktiv sind oder extremen Temperaturen ausgesetzt sind. Dehydration kann zu Symptomen wie Müdigkeit, Kopfschmerzen und Konzentrationsschwierigkeiten führen.

Vermeiden Sie übermäßigen Zucker und gesättigte Fette

Der übermäßige Verzehr von raffiniertem Zucker, Süßigkeiten und Lebensmitteln, die reich an gesättigten Fetten sind, wie Fast Food, kann sich negativ auf die Gesundheit auswirken. Diese Lebensmittel sind in der Regel kalorienreich, enthalten jedoch wenige essenzielle Nährstoffe. Übermäßiger Zucker kann zu Schwankungen des Blutzuckerspiegels führen und Spitzen der Energie gefolgt von abrupten Abstürzen verursachen, was sich auf die Stimmung und die Energie auswirken kann. Übermäßige gesättigte Fette sind mit Gesundheitsproblemen wie Herzerkrankungen verbunden. Entscheiden Sie sich für gesündere

Alternativen, ersetzen Sie zuckerhaltige Snacks durch Obst und gesättigte Fette durch ungesättigte Fette, wie sie in Olivenöl, Avocado und fettem Fisch vorkommen.

Planen Sie ausgewogene Mahlzeiten

Eine ausgewogene Ernährung ist entscheidend, um Ihrem Körper die benötigten Nährstoffe zur ordnungsgemäßen Funktion zur Verfügung zu stellen. Versuchen Sie, in jeder Mahlzeit eine Kombination aus Eiweiß, komplexen Kohlenhydraten und Gemüse zu integrieren. Eiweiß hilft beim Aufbau und der Reparatur von Gewebe, Kohlenhydrate liefern Energie und Gemüse sind reich an Vitaminen, Mineralien und Ballaststoffen. Darüber hinaus können Quellen gesunder Fette, wie Avocado und Nüsse, zu einer ausgewogenen Ernährung beitragen.

Vermeiden Sie Mahlzeiten auszulassen

Das Auslassen von Mahlzeiten ist eine Praxis, die zu Schwankungen im Blutzuckerspiegel und zu einem intensiven Hungergefühl führen kann, was zur Reizbarkeit und Konzentrationsmangel beitragen kann. Regelmäßiges Essen hilft dabei, den Energielevel im Laufe des Tages konstant zu halten. Planen Sie gesunde Mahlzeiten und Snacks, um zu verhindern, dass Sie zwischen den Hauptmahlzeiten zu hungrig werden.

Vermeiden Sie übermäßigen Koffein- und Alkoholkonsum

Übermäßiger Konsum von Koffein und Alkohol kann sich negativ auf den Schlaf und die emotionale Balance auswirken. Koffein, das in Kaffee, Tee und Limonaden enthalten ist, ist ein Stimulans, das sich auf die Schlafqualität auswirken kann und zu unruhigen Nächten und Schlaflosigkeit führen kann. Übermäßiger Alkoholkonsum kann die emotionale Balance beeinträchtigen, Stimmungsschwankungen und Angstzustände verursachen. Darüber hinaus kann Alkohol den Schlaf stören und weniger erholsam machen. Konsumieren Sie Koffein und Alkohol in Maßen und achten Sie darauf, wie sie sich auf Ihren Körper und Ihr emotionales Wohlbefinden auswirken.

Eine ausgewogene Ernährung ist nicht nur wichtig für die körperliche Gesundheit, sondern spielt auch eine entscheidende Rolle für die mentale und emotionale Gesundheit. Was Sie essen, kann Ihre Stimmung, Ihr Energielevel und Ihre Fähigkeit, mit Stress umzugehen, beeinflussen. Eine ausgewogene Ernährung, die reich an Nährstoffen ist, kann Ihrem Körper die Werkzeuge bieten, die er benötigt, um Stress effektiver zu bewältigen und ein emotionales Gleichgewicht aufrechtzuerhalten. Daher sollten Sie Ernährung als einen wesentlichen Bestandteil Ihres allgemeinen Wohlbefindens in Betracht ziehen, als Teil Ihrer Selbstfürsorge und zur Vorbeugung von Burnout.

ENTSPANNUNGS- UND ACHTSAMKEITSÜBUNGEN

Regelmäßige Entspannungs- und Achtsamkeitsübungen können dazu beitragen, Stress zu reduzieren, die emotionale Widerstandsfähigkeit zu steigern und einen Zustand mentaler Ruhe zu fördern. Strategien zur Integration dieser Übungen in Ihre Selbstfürsorge:

Meditation

Meditation ist eine Technik, bei der die Aufmerksamkeit auf ein Objekt, einen Gedanken oder eine Aktivität gerichtet wird, um den Geist zu beruhigen und das Bewusstsein für die Gegenwart zu fördern. Beginnen Sie mit kurzen Sitzungen, nur wenigen Minuten, und steigern Sie die Zeit allmählich, wenn sich Ihre Praxis entwickelt. Es gibt viele Arten von Meditation, einschließlich Achtsamkeitsmeditation, Transzendentale Meditation und geführte Meditation. Probieren Sie verschiedene Ansätze aus, um herauszufinden, welcher am besten zu Ihnen passt.

Tiefes Atmen

Tiefes Atmen ist eine einfache Technik zur Stressreduzierung. Nehmen Sie sich jeden Tag einige Minuten Zeit, um tief zu atmen. Dies kann durch Einatmen durch die Nase, Halten des Atems für einige Sekunden und langsames Ausatmen durch die Nase oder den Mund erfolgen. Tiefes Atmen hilft, das Nervensystem zu beruhigen, Ängste zu reduzieren und einen Zustand der Entspannung zu fördern.

Yoga

Yoga kombiniert körperliche Übungen, Haltungen und Atemtechniken mit Fokus auf die Verbindung von Geist und Körper. Regelmäßiges Yoga kann dazu beitragen, physische und mentale Spannungen abzubauen, die Flexibilität zu steigern und das Körperbewusstsein zu fördern. Es gibt verschiedene Yoga-Stile, von sanft bis intensiv. Wählen Sie einen Stil, der Ihren Bedürfnissen und Vorlieben entspricht.

Achtsamkeit

Achtsamkeit beinhaltet das bewusste Erleben des gegenwärtigen Moments ohne Bewertung. Sie können Achtsamkeit in Ihren täglichen Aktivitäten praktizieren, sei es beim Essen, Gehen oder sogar Geschirrspülen, indem Sie auf jedes Detail des Prozesses achten. Darüber hinaus können Sie sich Zeit für formelle Achtsamkeitssitzungen nehmen, bei denen Sie sich auf das Atmen und das Beobachten von Gedanken und Empfindungen konzentrieren. Achtsamkeit hilft, mentales Grübeln zu reduzieren, emotionale Ausgeglichenheit zu fördern und die geistige Klarheit zu verbessern.

Progressive Muskelentspannung

Diese Technik beinhaltet das bewusste Anspannen und Lockern bestimmter Muskelgruppen, um physische

Spannungen zu lindern. Sie ist nützlich zur Entspannung vor dem Schlafen oder in stressigen Momenten. Beginnen Sie mit den Muskeln in den Füßen und arbeiten Sie sich bis zum Kopf vor, indem Sie jede Muskelgruppe bewusst entspannen. Dies kann in nur wenigen Minuten durchgeführt werden und hilft, im Körper aufgestaute Spannungen zu lösen.

Massage

Das Buchen einer professionellen Massage kann eine großartige Möglichkeit sein, sich zu entspannen und Muskelverspannungen zu lösen. Eine Massage hilft nicht nur körperlich dabei, die Muskeln zu entspannen, sondern hat auch positive Auswirkungen auf die Stimmung. Sie kann Ängste reduzieren, die Stimmung verbessern und ein allgemeines Gefühl des Wohlbefindens fördern. Wenn regelmäßige professionelle Massagen nicht möglich sind, kann das Erlernen einiger Selbstmassage-Techniken eine Alternative sein.

Zeit für kreative Hobbys reservieren

Die Teilnahme an kreativen Aktivitäten, die dazu beitragen, sich zu entspannen und auszudrücken, ist eine ausgezeichnete Möglichkeit, Stress abzubauen. Malen, Schreiben, Gartenarbeit, Musik, Basteln oder jede andere Aktivität, die Ihnen gefällt, kann in Ihre Selbstfürsorge integriert werden. Diese Hobbys ermöglichen es Ihnen, sich von den alltäglichen Belastungen zu lösen, indem Sie sich in Aktivitäten vertiefen, die Freude und persönliche Zufriedenheit bringen.

Zeit in der Natur verbringen

Zeit im Freien in natürlicher Umgebung zu verbringen, kann beruhigende und erneuernde Auswirkungen auf den Geist und den Körper haben. Die Natur bietet eine ruhige Umgebung, in der Sie sich von den Belastungen und Sorgen des täglichen Lebens abkoppeln können. Spaziergänge in der Natur, Picknicks, Camping oder einfach nur Entspannen in einem Park können eine effektive Möglichkeit sein, Stress abzubauen und neue Energie zu tanken. Die Naturverbundenheit ist auch mit Verbesserungen der Stimmung und der psychischen Gesundheit verbunden. Daher sollten Sie sich immer dann Zeit nehmen, sich mit der natürlichen Welt zu verbinden, wenn es möglich ist.

Diese Entspannungs- und Achtsamkeitspraktiken in Ihre Selbstfürsorge-Routine zu integrieren, kann Ihre emotionale Widerstandsfähigkeit stärken, Ihre Fähigkeit, mit Stress umzugehen, erhöhen und ein allgemeines Wohlbefinden fördern. Probieren Sie verschiedene Techniken aus und finden Sie heraus, welche am besten zu Ihnen passt, indem Sie Ihre Praxis an Ihre Bedürfnisse und Vorlieben anpassen.

GUTER SCHLAF UND ANGEMESSENE ERHOLUNG

Der Schlaf spielt eine entscheidende Rolle für Ihre Fähigkeit, mit Stress umzugehen und emotionales Gleichgewicht aufrechtzuerhalten. Schlafmangel kann zu körperlichen und geistigen Gesundheitsproblemen führen. Hier sind Möglichkeiten, um einen erholsamen Schlaf und angemessene Erholung zu gewährleisten:

Einen Regelmäßigen Schlafplan Einhalten

Versuchen Sie, einen konsistenten Zeitplan für das Schlafengehen und das Aufstehen zu etablieren, selbst an Wochenenden. Dies hilft bei der Regulation Ihrer biologischen Uhr und erleichtert das Ein- und Durchschlafen.

Eine Schlaffördernde Umgebung Schaffen

Stellen Sie sicher, dass Ihr Schlafzimmer komfortabel, dunkel und leise ist. Die Investition in eine hochwertige Matratze und Kissen kann einen signifikanten Unterschied in der Schlafqualität ausmachen. Denken Sie auch darüber nach, die Raumtemperatur so einzustellen, dass sie gemütlich ist.

Verzicht auf Stimulanzien am Abend

Vermeiden Sie den Konsum von Koffein, Alkohol und schweren Mahlzeiten vor dem Schlafengehen, da diese sich negativ auf die Schlafqualität auswirken können. Koffein ist ein Stimulans, das Sie wach halten kann, und Alkohol kann den Schlafrhythmus stören.

Eine Entspannende Routine Einführen

Reservieren Sie Zeit vor dem Schlafengehen für entspannende Aktivitäten wie Lesen, Meditation, Dehnen oder ein warmes Bad. Dies bereitet Ihren Geist und Körper auf eine ruhige Nachtruhe vor. Vermeiden Sie elektronische Geräte, die blaues Licht abgeben, wie Smartphones und Tablets, bevor Sie schlafen, da dieses Licht Ihren zirkadianen Rhythmus stören kann.

Tagsüber die Nickerchen Begrenzen

Wenn Sie das Bedürfnis verspüren, tagsüber ein Nickerchen zu machen, begrenzen Sie es auf 20-30 Minuten. Längere Nickerchen können Ihren Nachtschlaf stören und das Einschlafen erschweren.

Tagsüber Aktiv Bleiben

Regelmäßige körperliche Aktivität kann die Schlafqualität verbessern. Vermeiden Sie jedoch intensives Training direkt vor dem Zubettgehen, da dies Ihre Energie steigern und die notwendige Entspannung zum Einschlafen erschweren kann.

Stress Bewältigen

Stress kann einer der Hauptgründe sein, warum Menschen Schwierigkeiten beim Ein- oder Durchschlafen haben. Üben Sie Stressbewältigungstechniken wie Tiefenatmung, um Ihren Geist vor dem Schlafengehen zu beruhigen. Meditation und Achtsamkeit können ebenfalls dazu beitragen, Stress abzubauen und Ihren Geist auf einen ruhigen Schlaf vorzubereiten.

Konsultieren Sie Einen Gesundheitsfachmann

Wenn Sie weiterhin Schlafprobleme haben, selbst nach Umsetzung dieser Strategien, empfiehlt es sich, einen Gesundheitsfachmann zu konsultieren. Dieser kann bewerten, ob zugrunde liegende Probleme wie Schlaflosigkeit, Schlafapnoe oder verwandte Schlafstörungen vorliegen, die spezialisierte Behandlung erfordern.

Die Priorisierung von gutem Schlaf und angemessener Erholung ist entscheidend für die Aufrechterhaltung Ihrer körperlichen und emotionalen Gesundheit. Eine gute Nachtruhe trägt zur Verbesserung der Stimmung, des Gedächtnisses, der Konzentrationsfähigkeit und der Stressresistenz bei und bereitet Sie besser auf die Herausforderungen des Alltags vor.

FREIZEIT UND HOBBYS

Die Freizeitgestaltung und Hobbys spielen eine wichtige Rolle dabei, den Alltag zu unterbrechen und das emotionale Wohlbefinden zu fördern. Zeit für Aktivitäten zu finden, die Ihnen Freude und Zufriedenheit bereiten, ist ein wesentlicher Bestandteil Ihrer Selbstfürsorge. Hier sind Wege, wie Sie Freizeit und Hobbys in Ihr Leben integrieren können:

Identifizieren Sie Ihre Leidenschaften

Der erste Schritt besteht darin, herauszufinden, was Ihre Leidenschaften und Interessen sind. Fragen Sie sich, was Sie wirklich glücklich und begeistert macht. Dies kann von Person zu Person unterschiedlich sein und Aktivitäten wie Sport, Lesen, Kochen, Kunst, Musik, Gartenarbeit, Tanzen, Fotografie, Reisen und vieles mehr umfassen. Die Hauptsache ist, etwas zu finden, das Sie wirklich begeistert.

Priorisieren Sie Zeit für Freizeitaktivitäten

Reservieren Sie regelmäßig Zeit in Ihrem Zeitplan, um sich Freizeitaktivitäten zu widmen. Genau wie Sie berufliche Termine planen würden, verpflichten Sie sich dazu, dasselbe mit Ihren Freizeitaktivitäten zu tun. Dies zeigt, wie wichtig Ihr emotionales Wohlbefinden für Sie ist.

Entdecken Sie Neue Interessen

Seien Sie offen dafür, neue Hobbys und Interessen zu erkunden. Manchmal kann das Entdecken von Neuem aufregend und erfrischend sein. Die Teilnahme an Kursen, das Anschauen von Workshops oder einfach das Ausprobieren von etwas anderem kann zu erstaunlichen Entdeckungen führen.

Teilnahme an Aktivitäten mit Anderen

Die Teilnahme an Freizeitaktivitäten mit Freunden und Familie kann Beziehungen stärken und bedeutungsvolle Erinnerungen schaffen. Dies kann auch das Gemeinschaftsgefühl und die Zugehörigkeit steigern.

Trennen Sie sich von der Digitalen Welt

Wenn Sie Freizeitaktivitäten nachgehen, trennen Sie sich von elektronischen Geräten und sozialen Medien. Dies ermöglicht es Ihnen, sich voll und ganz auf den gegenwärtigen Moment zu konzentrieren und Ihre Freizeiterfahrung in vollen Zügen zu genießen.

Engagement in Kreativen Aktivitäten

Kreative Aktivitäten wie Kunst, Musik, Schreiben und Handwerk können besonders therapeutisch und inspirierend sein. Sie ermöglichen es Ihnen, sich auf einzigartige Weise auszudrücken und Ihre Kreativität zu entfesseln.

Zeit in der Natur Verbringen

Die Natur bietet eine ruhige Umgebung für Entspannung und Besinnung. Ob Sie in der Natur spazieren gehen, campen oder einfach nur in einem Park entspannen, Zeit im Freien kann Ihren Geist erneuern und Ihre Energie aufladen.

Bewahren Sie ein Gleichgewicht

Obwohl Freizeit wichtig ist, sollten Sie ein gesundes Gleichgewicht zwischen Arbeit, Selbstfürsorge und anderen Verpflichtungen aufrechterhalten. Dies stellt sicher, dass Sie Freizeit genießen können, ohne sich von Verpflichtungen überwältigt zu fühlen.

Fühlen Sie Sich Nicht Schuldig

Fühlen Sie sich nicht schuldig, Zeit für sich selbst und Aktivitäten, die Ihnen Freude bereiten, zu investieren. Gerade in diesen Momenten der Freizeit tanken Sie auf und werden besser in der Lage sein, den Herausforderungen des Alltags zu begegnen.

Selbstfürsorge darf nicht als Luxus betrachtet werden, sondern als Notwendigkeit, um eine robuste körperliche und geistige Gesundheit aufrechtzuerhalten. Halten Sie an Ihrem Selbstfürsorge-Engagement fest und verstehen Sie, dass es ein kontinuierlicher Prozess ist.

Denken Sie daran, dass Selbstfürsorge keine Einheitslösung ist. Jeder Mensch ist einzigartig, und was für eine Person funktioniert, funktioniert möglicherweise nicht für eine andere. Daher sollten Sie verschiedene Selbstfürsorgestrategien ausprobieren und herausfinden, welche am besten zu Ihnen passt.

Mit der Entwicklung einer Selbstfürsorge-Routine stärken Sie Ihre Fähigkeit, mit Stress umzugehen, Burnout zu verhindern und ein gesünderes und ausgewogeneres Leben zu führen. Unterschätzen Sie nicht die Kraft, für sich selbst zu sorgen; sie ist die Grundlage für ein bedeutungsvolles und zufriedenstellendes Leben.

8

DAS GLEICHGEWICHT VON ARBEIT UND PRIVATLEBEN

*Gleichgewicht ist wie der Tanz der Blätter im Wind.
Lernen Sie, mit dem Leben zu tanzen
und Harmonie zu finden.*

Ein gesundes Gleichgewicht zwischen Arbeit und Privatleben zu finden, ist entscheidend für Wohlbefinden, Gesundheit und Glück. In einer Welt, in der uns die Technologie ständig miteinander verbindet und der Druck, beruflich Höchstleistungen zu erbringen, groß ist, kann die Suche nach diesem Gleichgewicht eine Herausforderung sein. In diesem Kapitel werden wir Strategien erkunden, die Ihnen helfen, Prioritäten zu setzen, Grenzen in der Arbeit zu setzen und die Bedeutung von Urlaub und freien Tagen anzuerkennen.

PRIORITÄTEN SETZEN

Prioritäten zu setzen ist eine grundlegende Fähigkeit, um Arbeit und Privatleben effektiv auszubalancieren. Indem Sie bestimmen, was in Ihrem Leben am wichtigsten ist, können Sie Ihre begrenzten Ressourcen an Zeit und Energie auf das lenken, was wirklich zählt.

Strategien, um Ihnen bei der Festlegung von Prioritäten zu helfen:

Bewerten Sie Ihre Werte und Ziele

Beginnen Sie damit, sich Zeit zu nehmen, um über Ihre grundlegenden Werte und langfristigen Ziele nachzudenken. Fragen Sie sich, was Ihnen wirklich wichtig ist. Dies kann Dinge wie Beziehungen, Gesundheit, Karriere, persönliches Wachstum, Spaß, Gemeinschaftsbeitrag und mehr umfassen. Die Identifizierung dieser Werte bildet die Grundlage für Ihre Prioritäten.

Setzen Sie klare Ziele

Nachdem Sie Ihre Werte identifiziert haben, ist es an der Zeit, konkrete Ziele in verschiedenen Lebensbereichen zu setzen. Sie können beispielsweise Gesundheitsziele festlegen, wie regelmäßige körperliche Aktivität oder gesunde Ernährung. Oder Sie können berufliche Ziele setzen, wie die Entwicklung bestimmter Fähigkeiten oder das Erreichen einer bestimmten Position. Klare Ziele geben Ihren Prioritäten eine Richtung und helfen Ihnen, sich darauf zu konzentrieren.

Erstellen Sie eine Aufgabenliste nach Prioritäten

Bei Ihrer täglichen oder wöchentlichen Aufgabenliste ist Priorisierung entscheidend. Beginnen Sie bei der Planung Ihrer Aktivitäten mit den wichtigsten und dringendsten Aufgaben. Verwenden Sie Techniken wie die Eisenhower-Matrix, die Aufgaben in vier Kategorien unterteilt: wichtig und dringend, wichtig, aber nicht dringend, dringend, aber nicht wichtig, weder dringend noch wichtig. Konzentrieren Sie sich auf die ersten beiden Kategorien, um sicherzustellen, dass Sie Ihre Hauptprioritäten erfüllen.

Meistern Sie die Kunst des Nein-Sagens

Die Fähigkeit, effektiv "nein" zu sagen, ist ein mächtiges Werkzeug, um Prioritäten zu setzen. Oftmals entsteht Überlastung, wenn Sie sich mehr verpflichten, als Sie bewältigen können. Lernen Sie, Anfragen und Verpflichtungen im Hinblick auf Ihre Prioritäten und Ziele zu bewerten. Wenn etwas nicht damit in Einklang steht, seien Sie bereit, höflich abzulehnen.

Lernen Sie zu Delegieren

Delegieren ist eine weitere wichtige Möglichkeit, Ihre Prioritäten zu verwalten. Sowohl in der Arbeit als auch zu Hause sollten Sie erkennen, dass Sie nicht alles alleine erledigen müssen. Ob im beruflichen Umfeld oder bei Hausarbeiten, identifizieren Sie Aufgaben, die an andere Personen delegiert werden können. Dies entlastet nicht nur Sie, sondern bietet auch die Möglichkeit, andere zu befähigen und einzubeziehen.

Regelmäßige Bewertung und Anpassung

Zu guter Letzt sollten Sie sich daran erinnern, dass sich Ihre Prioritäten im Laufe der Zeit ändern können. Mit Ihrer persönlichen und beruflichen Entwicklung ist es wichtig, Ihre Ziele und Werte regelmäßig zu überprüfen und anzupassen. Was vor einem Jahr wichtig für Sie war, ist heute möglicherweise nicht mehr relevant. Machen Sie regelmäßige Überprüfungen, um sicherzustellen, dass Ihre Entscheidungen mit Ihrem Wachstum und Ihrer Entwicklung im Einklang stehen.

Durch bewusstes und konsequentes Festlegen von Prioritäten sind Sie besser in der Lage, Entscheidungen zu treffen, die ein gesundes Gleichgewicht zwischen Arbeit und Privatleben fördern, sodass Sie Ihre Ziele erreichen können, während Sie Ihr Wohlbefinden und Glück bewahren.

GRENZEN AM ARBEITSPLATZ SETZEN

Grenzen am Arbeitsplatz zu setzen, ist entscheidend, um Ihr Wohlbefinden zu schützen und ein gesundes Gleichgewicht zwischen Berufs- und Privatleben zu gewährleisten. Strategien, die Ihnen dabei helfen, effektive Grenzen zu setzen:

Klare Arbeitszeiten festlegen

Die Festlegung klarer Arbeitszeiten ist entscheidend, um effektive Grenzen zu setzen. Dies hilft nicht nur dabei, Ihre Zeit effizienter zu managen, sondern informiert auch Ihre Kollegen und Vorgesetzten darüber, wann sie Ihre Verfügbarkeit erwarten können. Halten Sie sich an Ihre Arbeitszeiten und vermeiden Sie regelmäßige Überstunden.

Vermeiden Sie, Arbeit mit nach Hause zu nehmen

Obwohl es nicht immer möglich ist, die Arbeit nicht mit nach Hause zu nehmen, trägt dies dazu bei, eine klare Trennlinie zwischen Ihrem beruflichen und persönlichen Leben zu schaffen. Reservieren Sie Ihren persönlichen Raum für Entspannungsaktivitäten, Zeit mit der Familie und andere Aktivitäten, die nichts mit der Arbeit zu tun haben. Dies ist entscheidend, um sich aufzuladen und das Gefühl zu vermeiden, ständig mit der Arbeit verbunden zu sein.

Schalten Sie Benachrichtigungen nach Feierabend aus

Richten Sie Ihre Arbeitsgeräte und -anwendungen so ein, dass Sie außerhalb der Arbeitszeiten keine Benachrichtigungen erhalten. Dies hilft, der Versuchung zu widerstehen, ständig außerhalb der Arbeitszeit nach der Arbeit zu schauen, und ermöglicht es Ihnen, sich in Ihrer Freizeit vollständig zu entspannen.

Lernen Sie, "Nein" zu übermäßigen Überstunden zu sagen

Obwohl es wichtig ist, flexibel zu sein und gelegentlich Überstunden zu leisten, vermeiden Sie es, Überstunden zur Routine werden zu lassen. Bevor Sie Überstunden akzeptieren, prüfen Sie, ob sie wirklich notwendig sind und ob sie mit Ihren persönlichen Zielen und Prioritäten in Einklang stehen. Wenn Sie feststellen, dass Überstunden übermäßig geworden sind und Ihr

Gleichgewicht beeinträchtigen, seien Sie bereit, sie abzulehnen oder mit Ihrem Arbeitgeber zu besprechen.

Kommunizieren Sie mit Ihrem Arbeitgeber

Offene Kommunikation mit Ihrem Arbeitgeber ist entscheidend, um Grenzen am Arbeitsplatz zu setzen. Wenn Sie das Gefühl haben, dass Ihre Arbeitsbelastung zu hoch wird oder Ihre Grenzen nicht respektiert werden, sprechen Sie mit Ihrem Vorgesetzten oder Manager. Erklären Sie Ihre Bedenken und diskutieren Sie mögliche Lösungen, wie die Umverteilung von Aufgaben, flexible Arbeitszeiten oder zusätzliche Ressourcen.

Zeit für persönliche Aktivitäten reservieren

Ein wichtiger Teil des Setzens von Grenzen am Arbeitsplatz ist die Reservierung von Zeit für persönliche und familiäre Aktivitäten. Planen Sie im Voraus und reservieren Sie Zeit in Ihrem Zeitplan für diese Aktivitäten. Behandeln Sie diese Momente mit der gleichen Ernsthaftigkeit und Bedeutung wie Ihre beruflichen Verpflichtungen. Dies hilft sicherzustellen, dass Sie ein gesundes Gleichgewicht zwischen Ihren beruflichen Verpflichtungen und Ihrem Privatleben aufrechterhalten.

Das Setzen von Grenzen am Arbeitsplatz schützt nicht nur Ihre Zeit und Energie, sondern trägt auch zu einem gesünderen und produktiveren Arbeitsumfeld bei. Denken Sie daran, dass Ihre Grenzen wichtig sind, und Sie haben das Recht, sie zu verteidigen, um Ihr Wohlbefinden und Ihre Lebensqualität sicherzustellen.

DIE BEDEUTUNG VON URLAUB UND FREIEN TAGEN

Urlaub und freie Tage sind entscheidend für die körperliche und geistige Erholung. Sie ermöglichen es Ihnen, sich vom Stress der Arbeit zu trennen und neue Energie zu tanken. Gründe, warum Urlaub und freie Tage so wichtig sind:

Erholung und Auftanken

Urlaub bietet eine dringend benötigte Pause von der täglichen Arbeitsroutine. Während dieser Zeit haben Sie die Gelegenheit, zu entspannen, neue Kraft zu schöpfen und sich vom arbeitsbedingten Stress zu erholen. Dies ist entscheidend, um die körperliche und geistige Energie zurückzugewinnen, die durch die Anforderungen der Arbeit erschöpft sein kann.

Bessere Work-Life-Balance

Regelmäßiger Urlaub und freie Tage tragen dazu bei, ein gesünderes Gleichgewicht zwischen Ihren beruflichen Verpflichtungen und Ihrem persönlichen Leben zu schaffen. Dies ermöglicht es Ihnen, Zeit für sich selbst, Ihre Familie und Ihre persönlichen Bedürfnisse zu widmen, was das Risiko von Überlastung und Burnout reduziert.

Verbesserung der Gesundheit

Die Abkopplung von der Arbeit im Urlaub steht in Zusammenhang mit signifikanten Verbesserungen der physischen und psychischen Gesundheit. Studien haben gezeigt, dass Menschen, die regelmäßig Urlaub machen, weniger wahrscheinlich an stressbedingten Erkrankungen wie Herzerkrankungen, Depressionen und Angstzuständen leiden. Darüber hinaus fördert angemessene Erholung ein stärkeres Immunsystem und erhöht die Widerstandsfähigkeit gegen Krankheiten.

Stärkung von Beziehungen

Familienurlaube oder Reisen mit geliebten Menschen bieten qualitativ hochwertige Zeit miteinander, stärken Bindungen und schaffen bedeutende Erinnerungen. Diese gemeinsamen Momente sind entscheidend für die Pflege von Beziehungen und den Aufbau tieferer Verbindungen.

Förderung von Kreativität und Inspiration

Im Urlaub haben Sie die Möglichkeit, sich neuen Erfahrungen, Orten und Kulturen zu öffnen. Diese Exposition gegenüber neuen Reizen regt oft Kreativität und Inspiration an. Sie können zur Arbeit zurückkehren mit einer erneuerten Perspektive und neuen Ideen, um berufliche Herausforderungen anzugehen.

Verhinderung von Burnout

Regelmäßiger Urlaub ist eine effektive Strategie zur Verhinderung von beruflicher Erschöpfung. Wenn Sie sich Zeit zum Ausruhen und Auftanken nehmen, investieren Sie in Ihre geistige und emotionale Gesundheit. Dies hilft sicherzustellen, dass Sie produktiv, motiviert und in der Lage bleiben, den Anforderungen der Arbeit auf effizientere Weise zu begegnen.

Ein Gleichgewicht zwischen Beruf und persönlichem Leben zu finden, ist eine fortwährende Herausforderung, aber es ist entscheidend für Ihre körperliche und geistige Gesundheit. Indem Sie Prioritäten setzen, Grenzen am Arbeitsplatz festlegen und die Bedeutung von Urlaub und freien Tagen erkennen, können Sie einen ausgewogeneren und erfüllenderen Lebensstil schaffen. Bedenken Sie, dass die Balance zwischen diesen beiden Aspekten des Lebens eine langfristige Investition in Ihr Wohlbefinden und Ihre Zufriedenheit ist.

9

UMGANG MIT ARBEITSSTRESS

Der Stress ist der Schmied, der den Stahl deines Willens formt. Stell dich ihm mutig entgegen und geh gestärkt daraus hervor.

Mit Stress bei der Arbeit umzugehen, ist eine essenzielle Fähigkeit in einer zunehmend wettbewerbsorientierten und anspruchsvollen Berufswelt. Arbeitsstress kann aus verschiedenen Quellen kommen, wie knappen Fristen, anspruchsvollen Zielen, zwischenmenschlichen Konflikten und hohem Verantwortungsaufkommen. In diesem Kapitel werden Techniken zur Stressbewältigung, effektive Kommunikation am Arbeitsplatz und Strategien zur Delegation von Aufgaben erkundet. Diese Fähigkeiten sind entscheidend, um den Belastungen im Arbeitsumfeld standzuhalten und ein gesundes Gleichgewicht zwischen Produktivität und Wohlbefinden aufrechtzuerhalten.

STRESSBEWÄLTIGUNGSTECHNIKEN

Beruflicher Stress ist eine Realität, mit der die meisten Menschen irgendwann in ihrer Karriere konfrontiert werden müssen. Effektives Stressmanagement zu erlernen, kann jedoch den Unterschied zwischen einem gesunden Arbeitsumfeld und einem, das Ihre Gesundheit und Lebensqualität beeinträchtigt, ausmachen. Hier sind einige Stressbewältigungstechniken:

Identifikation der Stressquellen

Das Erkennen der spezifischen Stressquellen ist der erste Schritt, um sie effektiv zu bewältigen. Machen Sie sich Notizen darüber, welche Situationen oder Verantwortlichkeiten Angst und Spannung auslösen. Fragen Sie sich: "Was stört mich bei der Arbeit?" oder "Was sind die Hauptursachen für meinen Stress?" Die Klarheit über diese Quellen hilft dabei, einen Aktionsplan zu entwickeln, um sie zu bewältigen.

Praktizieren der Tiefenatmung

Tiefes Atmen ist eine einfache und effektive Technik, um den Geist zu beruhigen und Stress abzubauen. Nehmen Sie sich regelmäßig einige Minuten Zeit, um die Tiefenatmung zu praktizieren. Atmen Sie tief durch die Nase ein, halten Sie die Luft einige Sekunden lang an und atmen Sie langsam durch den Mund oder die Nase aus. Dies hilft, den Herzschlag zu verlangsamen und die Muskeln zu entspannen.

Regelmäßige körperliche Aktivität

Körperliche Aktivität ist eines der besten natürlichen Mittel gegen Stress. Wenn Sie Sport treiben, setzt Ihr Körper Endorphine frei, die Neurotransmitter sind, die die Stimmung verbessern und die Schmerzempfindung reduzieren. Darüber hinaus trägt regelmäßige körperliche Aktivität dazu bei, die Cortisolspiegel zu senken, das Stresshormon.

Finden Sie eine körperliche Aktivität, die Ihnen gefällt, sei es Spazierengehen, Laufen, Schwimmen, Yoga oder Tanzen. Der Schlüssel liegt darin, die körperliche Aktivität regelmäßig in Ihren Alltag zu integrieren. Selbst kurze tägliche Spaziergänge können einen großen Unterschied in Ihrem allgemeinen Stressniveau ausmachen.

Meditation und Achtsamkeit praktizieren

Meditation und Achtsamkeitspraktiken beinhalten die Konzentration auf den gegenwärtigen Moment ohne Bewertung. Meditation kann auf verschiedene Arten durchgeführt werden, von kurzen Meditationen bis hin zu längeren Übungen. Achtsamkeit kann in den Alltag integriert werden, zum Beispiel beim Essen oder Spazierengehen. Diese Techniken helfen dabei, den Geist zu beruhigen und die emotionale Widerstandsfähigkeit zu stärken.

Arbeitsgrenzen setzen

Die Festlegung gesunder Grenzen bei der Arbeit ist entscheidend, um chronischen Stress zu vermeiden. Dazu gehört das Festlegen klarer Arbeitszeiten, das regelmäßige Vermeiden von Arbeit außerhalb des Büros und das Erlernen des effektiven Neinsagens zu übermäßigen Aufgaben. Die Einhaltung dieser Grenzen ist entscheidend, um Ihre Zeit und Energie zu schützen.

Organisieren und Planen

Unordnung kann den Stress am Arbeitsplatz erhöhen. Entwickeln Sie Organisations- und Planungsfähigkeiten, um Aufgaben effektiver zu bewältigen. Dies kann das Erstellen von Aufgabenlisten, die Verwendung von Kalendern und das Festlegen klarer Prioritäten umfassen.

Aufbau eines Unterstützungssystems

Das Sprechen mit Freunden, Familie oder vertrauenswürdigen Kollegen kann eine effektive Möglichkeit sein, mit Stress umzugehen. Das Teilen Ihrer Sorgen und das Anhören von Ratschlägen oder Unterstützung können die emotionale Belastung lindern. Ein starkes Unterstützungssystem hilft Ihnen, sich in stressigen Momenten verstanden und weniger isoliert zu fühlen.

Professionelle Hilfe suchen

Wenn beruflicher Stress Ihre psychische und physische Gesundheit signifikant beeinträchtigt, zögern Sie nicht, professionelle Hilfe von einem Fachmann für psychische Gesundheit in Anspruch zu nehmen. Therapie und Beratung können wertvolle Ressourcen sein, um zu lernen, Stress effektiver zu bewältigen. Ein Fachmann für psychische Gesundheit kann spezifische Strategien zur Stressbewältigung bieten und Ihnen dabei helfen, emotionale Widerstandsfähigkeit aufzubauen.

Die genannten Techniken können von Person zu Person variieren, und es ist wichtig, diejenigen zu finden, die am besten für Sie funktionieren. Die regelmäßige Anwendung dieser Techniken kann dazu beitragen, den Stress zu lindern und Ihre Widerstandsfähigkeit zu stärken, sodass Sie besser mit den Anforderungen am Arbeitsplatz umgehen können.

EFFIZIENTE KOMMUNIKATION AM ARBEITSPLATZ

Effiziente Kommunikation ist eine grundlegende Fähigkeit, um mit Arbeitsdruck umzugehen. Sie kann die Zusammenarbeit verbessern, Konflikte reduzieren und sicherstellen, dass Informationen klar und präzise übermittelt werden. Lassen Sie uns Strategien zur Verbesserung der Kommunikation am Arbeitsplatz erkunden:

Aktives Zuhören

Aktives Zuhören ist die Grundlage für effiziente Kommunikation. Es beinhaltet, nicht nur Worte, sondern auch die Gefühle und Anliegen dahinter zuzuhören. Hier sind einige bewährte Praktiken für aktives Zuhören:

Hören Sie aufmerksam zu: Wenn jemand spricht, konzentrieren Sie sich vollständig auf die Person und die Botschaft, die sie vermitteln. Vermeiden Sie Ablenkungen wie das Ansehen Ihres Telefons oder das Nachdenken über andere Dinge während des Zuhörens.

Stellen Sie klare Fragen: Um ein besseres Verständnis zu erlangen, stellen Sie offene Fragen wie "Können Sie mir mehr darüber erklären?" oder "Wie fühlen Sie sich in dieser Situation?" Dies zeigt echtes Interesse.

Zeigen Sie Empathie: Zeigen Sie Verständnis und Empathie für die Anliegen und Gefühle der anderen Person. Reflektieren Sie, was gesagt wurde, wie zum Beispiel "Ich verstehe, dass dies für Sie sehr frustrierend sein kann."

Aktives Zuhören verbessert nicht nur das Verständnis, sondern stärkt auch Beziehungen und hilft dabei, Konflikte auf konstruktive Weise zu lösen.

Kommunizieren Sie klar und direkt

Vermeiden Sie Mehrdeutigkeiten in Ihrer Kommunikation. Stellen Sie sicher, dass Ihre Nachrichten klar, prägnant und direkt sind. Verwenden Sie einfache Sprache und vermeiden Sie unnötige Fachbegriffe. Stellen Sie sicher, dass wichtige Informationen unmissverständlich kommuniziert werden. Hier sind Möglichkeiten, um klar und direkt zu kommunizieren:

Verwenden Sie einfache Sprache: Vermeiden Sie Fachbegriffe und technische Termini, die die Empfänger der Nachricht möglicherweise verwirren könnten. Halten Sie die Sprache einfach und verständlich.

Seien Sie prägnant: Vermeiden Sie irrelevante Informationen und kommen Sie direkt zur Sache. Knackige Botschaften sind leichter zu verstehen und zu behalten.

Heben Sie wichtige Informationen hervor: Wenn eine Nachricht wesentliche Informationen enthält, heben Sie diese deutlich hervor. Sie können Fettdruck, Kursivschrift oder die Wiederholung wichtiger Informationen verwenden, um ihre Bedeutung zu betonen.

Bitten Sie um Feedback: Nach der Kommunikation bitten Sie die Empfänger um Feedback, um sicherzustellen, dass die Nachricht so verstanden wurde, wie beabsichtigt.

Seien Sie assertiv

Assertivität ist eine wertvolle Fähigkeit, die es ermöglicht, Ihre Meinungen, Bedürfnisse und Grenzen respektvoll und effektiv auszudrücken. Hier sind Richtlinien für Assertivität:

Seien Sie klar und bestimmt: Kommunizieren Sie Ihre Ideen und Bedürfnisse klar und direkt, ohne Mehrdeutigkeiten. Verwenden Sie in Ihren Aussagen das Wort "Ich", um Ihre Gefühle und Ansichten auszudrücken, beispielsweise "Ich würde gerne über diese Idee sprechen."

Respektieren Sie andere: Assertiv zu sein bedeutet nicht, aggressiv zu sein. Respektieren Sie die Meinungen anderer und seien Sie offen für Dialog.

Praktizieren Sie aktives Zuhören: Wenn andere sich äußern, hören Sie mit Empathie und Aufmerksamkeit zu. Dies schafft eine respektvolle Kommunikationsumgebung.

Seien Sie offen für Verhandlungen: Seien Sie bereit, kollaborative Lösungen zu finden, wenn Meinungsverschiedenheiten auftreten. Verhandlungen können zu Vereinbarungen führen, die die Bedürfnisse beider Parteien erfüllen.

Denken Sie daran, dass Assertivität dazu beiträgt, Konflikte zu vermeiden und Probleme konstruktiv zu lösen.

Aufbau von beruflichen Beziehungen

Gesunde Arbeitsbeziehungen sind entscheidend für eine effektive Kommunikation am Arbeitsplatz. Strategien zum Aufbau positiver beruflicher Beziehungen:

Vertrauen aufbauen: Halten Sie Ihre Versprechen, seien Sie zuverlässig und wahren Sie Vertraulichkeit, wenn angebracht. Vertrauen ist die Grundlage für starke Beziehungen.

Gegenseitigen Respekt zeigen: Behandeln Sie Kollegen und Vorgesetzte respektvoll und höflich. Schätzen Sie deren Meinungen und Perspektiven, auch wenn sie von Ihren eigenen abweichen.

Konstruktiv zusammenarbeiten: Arbeiten Sie im Team und seien Sie bereit, anderen zu helfen, wenn nötig. Teamarbeit stärkt Beziehungen und verbessert die Kommunikation.

Konflikte konstruktiv lösen

Konflikte werden zwangsläufig am Arbeitsplatz auftreten. Lernen Sie, sie auf konstruktive Weise zu bewältigen, indem Sie Anliegen offen und respektvoll ansprechen. Verhandlung und die Suche nach gemeinsamen Lösungen sind wertvolle Werkzeuge zur Konfliktbewältigung.

Nutzen Sie die nonverbale Kommunikation

Die nonverbale Kommunikation spielt eine bedeutende Rolle bei der Übermittlung von Informationen und Emotionen. Achten Sie auf Ihre Körpersprache, Gesichtsausdrücke und Ihre Stimmlage während der Kommunikation. Hier sind einige wichtige Punkte:

Augenkontakt aufrechterhalten: Wenn Sie mit jemandem sprechen, halten Sie Blickkontakt, um zu zeigen, dass Sie am Gespräch interessiert sind und aufmerksam zuhören.

Kontrollieren Sie Ihre Körpersprache: Vermeiden Sie Gesten, die als aggressiv interpretiert werden könnten, wie das Zeigen mit dem Finger. Verwenden Sie stattdessen offene und freundliche Gesten, um Ihre Worte zu betonen.

Stimmlage anpassen: Die Tonlage der Stimme kann Emotionen übertragen. Versuchen Sie, Ihren Ton an die Botschaft anzupassen, die Sie vermitteln möchten. Vermeiden Sie eine aggressive oder defensive Tonlage.

Achten Sie auf Gesichtsausdrücke: Ihre Gesichtsausdrücke können Ihre Emotionen zeigen. Versuchen Sie, ein neutrales oder freundliches Gesicht zu wahren, je nach Kontext.

Die Verbesserung der Kommunikation am Arbeitsplatz erfordert kontinuierliche Übung und Bewusstsein. Wenn Sie sich bemühen, aktiv zuzuhören, klar und selbstbewusst zu sein, stabile berufliche Beziehungen aufzubauen und Konflikte konstruktiv zu bewältigen, können Sie eine gesündere und produktivere Arbeitsumgebung für sich und Ihre Teamkollegen schaffen.

STRATEGIEN FÜR DIE AUFGABENDELEGATION

Effektive Aufgabendelegation ist eine wesentliche Fähigkeit, um den Druck am Arbeitsplatz zu reduzieren und sicherzustellen, dass die Verantwortlichkeiten gerecht verteilt werden. Hier sind Strategien, um Aufgaben effektiv zu delegieren:

Bewertung von Fähigkeiten und Kompetenzen

Bevor Sie Aufgaben delegieren, bewerten Sie sorgfältig die Fähigkeiten und Kompetenzen der Teammitglieder. Verstehen Sie deren Stärken, Schwächen und Erfahrung. Dies ermöglicht es Ihnen, Aufgaben entsprechend den geeigneten Fähigkeiten zuzuweisen, um sicherzustellen, dass die ausgewählte Person die Aufgabe erfolgreich bewältigen kann.

Festlegung klarer Erwartungen

Klarheit ist entscheidend für eine erfolgreiche Delegation. Wenn Sie eine Aufgabe zuweisen, stellen Sie sicher, dass klare Erwartungen festgelegt werden. Beschreiben Sie spezifische Ziele, Fristen, Leistungsstandards und alle verfügbaren Ressourcen. Je detaillierter Ihre Anweisungen sind, desto weniger Raum für Missverständnisse und Unklarheiten bleibt.

Gewährung von Autonomie und Vertrauen

Sobald Sie eine Aufgabe zugewiesen haben, geben Sie den Teammitgliedern die erforderliche Autonomie, um sie auszuführen. Vermeiden Sie Mikromanagement. Vertrauen Sie auf ihre Fähigkeiten und ermöglichen Sie ihnen, Entscheidungen zu treffen und Herausforderungen im Prozess zu bewältigen. Dies entlastet nicht nur Ihre Arbeitsbelastung, sondern fördert auch das Wachstum und das Vertrauen des Teams.

Bereitstellung von Ressourcen und Unterstützung

Stellen Sie sicher, dass die Teammitglieder Zugang zu den erforderlichen Ressourcen haben, um die Aufgabe erfolgreich abzuschließen. Dies kann Informationen, Tools, zusätzliches Training oder technische Unterstützung umfassen. Stehen Sie für Fragen zur Verfügung und bieten Sie Anleitung, wann immer nötig. Die Bereitstellung von Unterstützung zeigt Ihr Engagement für den Erfolg des Teams.

Überwachung und Unterstützung

Nach der Delegation einer Aufgabe verfolgen Sie den Fortschritt regelmäßig. Seien Sie offen für Updates und Fragen der Teammitglieder. Die Überwachung hilft nicht nur sicherzustellen, dass die Aufgabe auf dem richtigen Weg ist, sondern zeigt auch Ihr Interesse und Ihre kontinuierliche Unterstützung. Seien Sie bereit, bei Bedarf zusätzliche Hilfe anzubieten.

Anerkennung und Belohnung

Anerkennung ist ein mächtiges Motivationsinstrument. Anerkennen Sie die Bemühungen und Ergebnisse der Teammitglieder in der Öffentlichkeit. Zeigen Sie Wertschätzung für ihre gute Arbeit. Belohnungen, sei es Lob, finanzielle Anreize oder Beförderungen, können eine positive und motivierende Arbeitsumgebung schaffen.

Bewertung und Lernen

Nach Abschluss der Aufgabe bewerten Sie den Delegationsprozess. Identifizieren Sie, was gut funktioniert hat und was verbessert werden könnte. Jede Delegationserfahrung bietet wertvolle Lektionen. Das Lernen aus Erfolgen und Herausforderungen trägt dazu bei, Ihre Managementfähigkeiten zu verbessern und die Delegation in der Zukunft zu optimieren.

Mit dem Umgang mit Druck am Arbeitsplatz geht eine Reihe von Fähigkeiten einher, darunter Stressmanagement, effektive Kommunikation und Aufgabendelegation. Durch die Entwicklung dieser Fähigkeiten sind Sie besser darauf vorbereitet, den Herausforderungen am Arbeitsplatz zu begegnen und ein gesundes Gleichgewicht zwischen Produktivität und Wohlbefinden aufrechtzuerhalten.

10

DIE PERFEKTIONISTISCHE DENKWEISE

Lösen Sie die Fesseln der Perfektion, denn in der Unvollkommenheit finden wir die authentische Schönheit unserer Reise.

Der Perfektionismus ist eine Denkweise, die oft zu unerträglichem Druck in der Arbeit und im persönlichen Leben führt. Das unermüdliche Streben nach Perfektion kann Ihre geistige und emotionale Gesundheit sowie Ihre Produktivität beeinträchtigen. In diesem Kapitel werden wir Wege zur Überwindung des Perfektionismus und zur Linderung des damit verbundenen Drucks erkunden.

DAS VERSTÄNDNIS VON PERFEKTIONISMUS

Perfektionismus ist das unerbittliche Streben nach Perfektion oder die Erfüllung unrealistisch hoher Standards. Obwohl es wichtig ist, Qualitätsstandards zu haben und sich um Ziele zu bemühen, treibt der Perfektionismus dies auf schädliche Extreme. Gemeinsame Merkmale des Perfektionismus sind:

Setzen unrealistisch hoher Standards

Perfektionisten neigen dazu, Standards zu setzen, die praktisch unmöglich zu erreichen sind. Sie streben nach Perfektion in allen Bereichen ihres Lebens, sei es bei der Arbeit, in Beziehungen oder in ihren persönlichen Leistungen. Dies erzeugt einen konstanten Druck, ein fast unerreichbares Niveau von Exzellenz zu erreichen.

Dieses ständige Streben nach Perfektion kann zu Erschöpfung, Ermüdung und anhaltenden Gefühlen des Scheiterns führen, da es fast unmöglich ist, solche hohen Standards in allen Lebensbereichen zu erreichen.

Übermäßige Selbstkritik

Perfektionisten neigen dazu, ihre eigenen schärfsten Kritiker zu sein. Sie setzen nicht nur hohe Standards, sondern bewerten sich auch selbst kritisch und unerbittlich. Jeder Fehler oder jede Unvollkommenheit wird oft mit strenger Selbstkritik und negativem Urteil behandelt.

Übermäßige Selbstkritik kann das Selbstwertgefühl und das Selbstvertrauen untergraben, was zu Gefühlen der Unzulänglichkeit und ständiger Angst führen kann. Dies kann sich negativ auf die geistige und emotionale Gesundheit auswirken.

Prokrastination

Die Angst, den perfektionistischen Standards nicht gerecht zu werden, kann Perfektionisten lähmen und zur Prokrastination führen. Sie verschieben Aufgaben, weil sie Angst haben, sie nicht perfekt erledigen zu können.

Prokrastination kann zu verpassten Fristen, erhöhtem Stress und geringerer Produktivität führen. Sie verstärkt auch die Vorstellung, dass Perfektion die einzige akzeptable Option ist.

Stress und Angst

Der Perfektionismus ist eng mit Stress und Angst verbunden. Der ständige Druck, perfekt zu sein, die Angst vor Fehlern und die unerbittliche Selbstkritik sind alles Faktoren, die zu hohem Stressniveau beitragen.

Chronischer Stress kann eine Vielzahl von Gesundheitsproblemen verursachen, einschließlich Angstzuständen, Depressionen, Schlaflosigkeit und Burnout. Diese Probleme beeinflussen die Lebensqualität und das allgemeine Wohlbefinden.

Das Verständnis dieser Aspekte des Perfektionismus ist entscheidend, um ihn zu überwinden. Die Anerkennung, dass Perfektion unerreichbar ist und die schädlichen Auswirkungen des Perfektionismus vermieden werden können, ist der erste Schritt zur Entwicklung einer gesünderen Denkweise und zur Linderung des anhaltenden Drucks.

ÜBERWINDUNG DES PERFEKTIONISMUS

Die Überwindung des Perfektionismus ist eine herausfordernde, aber entscheidende Reise, um den Druck in der Arbeit und im persönlichen Leben zu verringern. Hier sind wirksame Strategien, um diese Denkweise zu ändern:

Setzen Sie realistische Ziele

Anstatt unrealistisch hohe Standards zu setzen, ist es entscheidend, realistische und erreichbare Ziele zu definieren. Erkennen Sie an, dass Perfektion etwas ist, das nicht ständig erreicht werden kann. Konzentrieren Sie sich stattdessen darauf, Ihr Bestes zu geben, und akzeptieren Sie, dass Fehler ein natürlicher Teil des Prozesses sind.

Die Festlegung realistischer Ziele verringert den Druck auf sich selbst und ermöglicht es Ihnen, sich auf Fortschritte und Lernen zu konzentrieren, anstatt der unerreichbaren Perfektion nachzujagen.

Üben Sie Akzeptanz

Das Erlernen der Akzeptanz Ihrer eigenen Unvollkommenheiten und Fehler ist entscheidend, um den Perfektionismus zu überwinden. Erkennen Sie an, dass jeder Fehler macht und dass diese Fehler nicht Ihr Selbstwertgefühl oder Ihren Wert als Person definieren.

Die Selbstakzeptanz reduziert übermäßige Selbstkritik und steigert das Selbstwertgefühl, was das emotionale Wohlbefinden fördert.

Ändern Sie Ihr inneres Selbstgespräch

Seien Sie sich Ihres inneren Selbstgesprächs bewusst und arbeiten Sie daran, negative und selbstkritische Gedanken durch realistischere und positivere Gedanken zu ersetzen. Wenn Sie sich dabei erwischen, in Alles-oder-Nichts-Begriffen zu denken (Perfektion oder Misserfolg), hinterfragen Sie diese starren Überzeugungen.

Die Änderung Ihres inneren Selbstgesprächs hilft, Ihr Selbstbild zu verbessern und das Gefühl der Unzulänglichkeit zu reduzieren.

Feiern Sie den Fortschritt

Anstatt sich ausschließlich auf das Endergebnis zu konzentrieren, lernen Sie, die kleinen Fortschritte auf dem Weg zu feiern. Erkennen und schätzen Sie Ihre Bemühungen, unabhängig vom endgültigen Ergebnis.

Das Feiern des Fortschritts hält Sie motiviert, fördert eine Wachstumsmentalität und verringert den Druck, perfekt sein zu müssen.

Setzen Sie Grenzen

Legen Sie klare Grenzen für sich fest, was Zeit und Energie angeht, die Sie in eine Aufgabe investieren. Erkennen Sie, wann es Zeit ist, weiterzumachen, auch wenn die Arbeit nicht perfekt ist. Verstehen Sie, dass das unermüdliche Streben nach Perfektion Ihrer Gesundheit und Ihrem Wohlbefinden schaden kann.

Das Setzen von Grenzen hilft, Burnout zu vermeiden und ein gesundes Gleichgewicht zwischen Arbeit und Privatleben zu erhalten.

Suchen Sie Unterstützung

Wenn der Perfektionismus Ihre geistige Gesundheit, Produktivität oder Lebensqualität beeinträchtigt, zögern Sie nicht, professionelle Unterstützung in Anspruch zu nehmen. Ein Therapeut, Coach oder Psychologe kann Ihnen helfen, eine gesündere Denkweise zu entwickeln und maßgeschneiderte Strategien zur Überwindung des Perfektionismus bereitzustellen.

Professionelle Unterstützung kann ein wesentlicher Teil des Prozesses sein, den Perfektionismus zu überwinden, indem sie spezialisierte Anleitung und emotionale Unterstützung bietet.

Die Überwindung des Perfektionismus ist ein fortwährender Prozess, der Selbstbewusstsein und ständige Anstrengung erfordert. Denken Sie daran, dass niemand perfekt ist, und das Streben nach Exzellenz muss mit der Akzeptanz unserer eigenen Unvollkommenheiten in Einklang gebracht werden. Durch die Umsetzung dieser Strategien sind Sie auf dem richtigen Weg, eine gesündere Denkweise zu entwickeln und den Druck des Perfektionismus in Ihrem Leben zu lindern.

DIE AKZEPTANZ PERSÖNLICHER GRENZEN

Die Akzeptanz Ihrer eigenen persönlichen Grenzen ist ein wesentlicher Teil der Druckentlastung in der Arbeit und im persönlichen Leben. Oft versuchen wir zu viel zu leisten und unsere Grenzen bis zur Erschöpfung zu verschieben. In diesem Kapitel werden wir die Bedeutung der Anerkennung und des Respekts vor Ihren eigenen persönlichen Grenzen erkunden. Die Akzeptanz Ihrer eigenen persönlichen Grenzen ist aus mehreren Gründen unerlässlich:

Vermeidung von Burnout

Das Ignorieren Ihrer Grenzen kann zu physischer und emotionaler Erschöpfung führen. Wenn Sie ständig Ihre Grenzen überschreiten, wird Ihre Energie aufgebraucht, was zu extremem Müdigkeit, emotionaler Erschöpfung und sogar schwerwiegenden Gesundheitsproblemen führen kann. Das Respektieren Ihrer Grenzen ist entscheidend, um Ihr langfristiges körperliches und emotionales Wohlbefinden aufrechtzuerhalten.

Die Vermeidung von Burnout trägt dazu bei, Ihre Gesundheit und Vitalität zu erhalten und ermöglicht es Ihnen, produktiver und widerstandsfähiger zu sein.

Bessere Arbeitsqualität

Wenn Sie innerhalb Ihrer Grenzen arbeiten, ist es wahrscheinlicher, dass Sie qualitativ hochwertige Arbeit leisten. Das Überschreiten Ihrer Grenzen kann zu

Fehlern, verminderten Effizienz und beeinträchtigter Arbeitsqualität führen. Indem Sie Ihre Grenzen akzeptieren, können Sie sich darauf konzentrieren, Aufgaben mit Exzellenz auszuführen.

Dies erhöht Ihre Effektivität und beruflichen Ruf, da Sie konsistente und qualitativ hochwertige Ergebnisse liefern.

Geistige und emotionale Gesundheit

Die Akzeptanz persönlicher Grenzen ist entscheidend für Ihre geistige und emotionale Gesundheit. Dies trägt dazu bei, Stress, Angst und den ständigen Druck, mehr zu leisten, als möglich ist, zu reduzieren. Die Pflege Ihrer geistigen Gesundheit ist ein wesentlicher Bestandteil der Selbstfürsorge und kann zu einem allgemeinen Gefühl des Wohlbefindens führen.

Eine bessere geistige und emotionale Gesundheit führt zu mehr Glück, emotionaler Stabilität und der Fähigkeit, Herausforderungen effektiver zu bewältigen.

Balance zwischen Arbeit und Privatleben

Das Erkennen Ihrer persönlichen Grenzen ist auch entscheidend, um ein gesundes Gleichgewicht zwischen Arbeit und Privatleben zu schaffen. Dies ermöglicht es Ihnen, Zeit und Energie darauf zu verwenden, sich selbst, Ihre Beziehungen und Freizeitaktivitäten zu pflegen. Ein gesundes Gleichgewicht trägt zu einem erfüllteren und sinnvolleren Leben bei.

Die Balance zwischen Arbeit und Privatleben verbessert Ihre Lebensqualität, stärkt Beziehungen und hilft, Burnout zu vermeiden.

Das Akzeptieren Ihrer persönlichen Grenzen ist kein Zeichen von Schwäche, sondern von Selbstmitgefühl und Selbstkenntnis. Das Erkennen, wann es Zeit ist, sich auszuruhen, Grenzen für Ihre Verantwortlichkeiten zu setzen und "nein" zu sagen, wenn nötig, sind Praktiken, die lang anhaltendes Wohlbefinden fördern und Ihnen helfen, die Herausforderungen des Lebens mit mehr Widerstandsfähigkeit zu bewältigen.

ENTWICKLUNG VON WIDERSTANDSFÄHIGKEIT

Widerstandsfähigkeit ist die Fähigkeit, mit Widrigkeiten umzugehen, Herausforderungen zu meistern und sich von schwierigen Situationen zu erholen. Die Entwicklung von Widerstandsfähigkeit ist entscheidend, um den Druck in der Arbeit und im persönlichen Leben zu verringern. Hier sind Gründe, warum Widerstandsfähigkeit wichtig ist:

Umgang mit Veränderung

Das Leben verändert sich ständig, und Widerstandsfähigkeit ist die Fähigkeit, sich positiv an diese Veränderungen anzupassen. Am Arbeitsplatz, wo Veränderungen unvermeidlich sind, hilft Widerstandsfähigkeit, mit Umstrukturierungen,

Führungswechseln und organisatorischen Transformationen gelassener umzugehen. Das liegt daran, dass widerstandsfähige Menschen Veränderungen als eine Gelegenheit zum Wachstum und Lernen sehen, anstatt als Bedrohung.

Die Fähigkeit, sich an Veränderungen anzupassen, fördert Agilität und die Fähigkeit, in dynamischen Umgebungen erfolgreich zu sein.

Stressabbau

Widerstandsfähigkeit hat einen signifikanten Einfluss auf die Reduzierung von Stress. Widerstandsfähige Menschen können mit Druck und Stress effektiver umgehen, was zu geringerer Angst und Depression führt. Widerstandsfähigkeit liefert Werkzeuge, um Herausforderungen emotional zu bewältigen, ohne überwältigt zu werden.

Die Reduzierung von Stress trägt zur Aufrechterhaltung der mentalen und physischen Gesundheit bei und verbessert das allgemeine Wohlbefinden.

Steigerung des Selbstwertgefühls

Die Bewältigung von Herausforderungen und Widrigkeiten kann das Selbstwertgefühl und das Selbstvertrauen steigern. Wenn Sie schwierige Situationen bewältigen und überwinden, gewinnen Sie ein Gefühl der Erfüllung, das Ihr Selbstbild verbessert. Ein gestärktes Selbstwertgefühl bildet eine solide Grundlage, um zukünftige Herausforderungen zu bewältigen.

Ein gesundes Selbstwertgefühl trägt zu einem positiven Selbstbild und anhaltender Widerstandsfähigkeit bei.

Verbesserung der zwischenmenschlichen Beziehungen

Widerstandsfähigkeit hat auch positive Auswirkungen auf Ihre persönlichen und beruflichen Beziehungen. Widerstandsfähige Menschen neigen eher dazu, Konflikte konstruktiv zu bewältigen, gesunde Beziehungen aufrechtzuerhalten und unterstützend in ihren sozialen Netzwerken zu sein. Das liegt daran, dass Widerstandsfähigkeit die Bedeutung von Empathie und effektiver Kommunikation vermittelt.

Gesunde Beziehungen tragen zu einem effektiven Unterstützungssystem in schwierigen Zeiten bei.

Förderung der mentalen Gesundheit

Widerstandsfähigkeit spielt eine entscheidende Rolle bei der Förderung der mentalen Gesundheit. Sie hilft, Burnout zu verhindern und psychischen Problemen wie Angst und Depression entgegenzuwirken. Widerstandsfähige Menschen sind besser in der Lage, Widrigkeiten zu bewältigen, ohne dass ihre mentale Gesundheit darunter leidet.

Die Änderung der Denkweise ist ein kontinuierlicher Prozess, der Selbstverständnis, Selbstmitgefühl und die Entwicklung emotionaler Fähigkeiten beinhaltet. Die Überwindung von Perfektionismus, die Akzeptanz persönlicher Grenzen und die Entwicklung von Widerstandsfähigkeit sind wichtige Schritte, um eine gesündere Denkweise zu fördern und die Herausforderungen des Lebens selbstbewusst und entschlossen zu meistern. Denken Sie daran, dass die Entwicklung einer positiveren und widerstandsfähigeren Denkweise eine Investition in Ihr eigenes Wohlbefinden und Ihre Glückseligkeit ist.

11
PROFESSIONELLE UNTERSTÜTZUNG SUCHEN

Um Hilfe zu bitten, ist wie die Hand nach dem Licht ausstrecken, wenn man im Dunkeln ist. Erlauben Sie sich, zurück ins Licht geführt zu werden.

Auf dem Weg der Selbstfürsorge stoßen wir oft auf Hindernisse, die über die Strategien und Techniken hinausgehen, die wir alleine anwenden können. In solchen Momenten kann die Inanspruchnahme professioneller Hilfe der Schlüssel sein, um Herausforderungen zu meistern, neue Fähigkeiten zu entwickeln und das allgemeine Wohlbefinden zu steigern. In diesem Kapitel werden drei wichtige Formen professioneller Unterstützung behandelt: Therapie und Beratung, Karrierecoaching und die Bedeutung des Aufbaus und der Aufrechterhaltung eines starken sozialen Unterstützungsnetzwerks.

THERAPIE UND BERATUNG

Therapie und Beratung sind wertvolle Ressourcen zur Bewältigung einer breiten Palette von emotionalen, psychologischen und Verhaltensfragen. Diese hochqualifizierten Fachleute bieten spezialisierte

Unterstützung und Anleitung, um Menschen bei der Erkundung ihrer Emotionen, Gedanken und Verhaltensweisen zu helfen, Strategien zur Bewältigung von Herausforderungen zu entwickeln und ihre psychische und emotionale Gesundheit zu verbessern. Im Folgenden werden häufige Arten von Therapie und Beratung sowie die Vorteile, die sie bieten können, näher erläutert.

Gemeinsame Arten von Therapie und Beratung

Kognitive Verhaltenstherapie (CBT): Die kognitive Verhaltenstherapie ist einer der häufigsten und effektivsten Therapieansätze. Sie konzentriert sich darauf, negative oder dysfunktionale Denkmuster zu identifizieren und zu ändern, die zu negativen Emotionen und problematischem Verhalten führen können. Die kognitive Verhaltenstherapie hilft Einzelpersonen dabei, Fähigkeiten zur Umstrukturierung ihrer Gedanken zu entwickeln und gesunde Bewältigungsstrategien zu erlernen.

Psychodynamische Therapie: Die psychodynamische Therapie ist ein Ansatz, der die Einflüsse des Unbewussten auf den Geist und das Verhalten erforscht. Sie basiert auf der Überzeugung, dass unsere Gedanken, Gefühle und Verhaltensweisen von vergangenen Erfahrungen und zwischenmenschlichen Beziehungen geprägt werden, die oft nicht vollständig bewusst sind. Psychodynamische Therapeuten arbeiten mit den Klienten zusammen, um diese tiefgreifenden Einflüsse zu erkunden und ihnen zu einer tieferen Selbsterkenntnis zu verhelfen.

Humanistische Therapie: Die humanistische Therapie legt den Schwerpunkt auf Selbstbewusstsein und persönliches Wachstum. Humanistische Therapeuten schaffen eine unterstützende und einfühlsame Umgebung, in der sie die Klienten dazu ermutigen, ihre Gefühle und Werte zu erforschen und ihr volles Potenzial auszuschöpfen.

Akzeptanz- und Commitmenttherapie (ACT): Die Akzeptanz- und Commitmenttherapie (ACT) konzentriert sich darauf, schwierige Gedanken und Gefühle zu akzeptieren, anstatt sie zu unterdrücken oder zu vermeiden. ACT legt auch Wert auf die Identifizierung persönlicher Werte und die Festlegung von Zielen, die mit diesen Werten in Einklang stehen. Sie ist besonders nützlich, um Menschen dabei zu helfen, eine gesündere Beziehung zu ihren Emotionen und Gedanken zu entwickeln und ein sinnvolles und erfülltes Leben zu führen.

Paar- und Familientherapie: Die Paar- und Familientherapie ist eine Form der Therapie, die darauf abzielt, zwischenmenschliche Beziehungen zu verbessern, sei es zwischen romantischen Partnern, innerhalb von Familien oder in anderen verwandten Gruppen. Paar- und Familientherapeuten arbeiten mit den Beteiligten zusammen, um Konflikte zu identifizieren, die Kommunikation zu verbessern und zwischenmenschliche Bindungen zu stärken.

Vorteile von Therapie und Beratung

Therapie und Beratung bieten eine Vielzahl von signifikanten Vorteilen für das emotionale und psychologische Wohlbefinden von Menschen:

Verbesserung der psychischen Gesundheit: Therapie und Beratung sind wirksam bei der Behandlung einer Vielzahl von psychischen Gesundheitsproblemen, einschließlich Angststörungen, Depression, posttraumatischer Belastungsstörung (PTBS) und mehr. Fachleute können maßgeschneiderte Unterstützung und Bewältigungsstrategien bieten.

Entwicklung von Bewältigungsfähigkeiten: Therapeuten helfen Einzelpersonen dabei, gesunde Bewältigungsfähigkeiten zu entwickeln, um mit Stress, Druck und den Herausforderungen des Lebens umzugehen. Dazu kann gehören, Ängste zu bewältigen, Stress zu kontrollieren und die emotionale Selbstregulierung zu verbessern.

Verbesserung von Beziehungen: Paar- und Familientherapie kann die Kommunikation und zwischenmenschliche Beziehungen verbessern, indem sie familiäre Bindungen und romantische Beziehungen stärkt. Das Erlernen eines konstruktiven Umgangs mit Konflikten ist ein wichtiger Aspekt dieses Prozesses.

Unterstützung bei Entscheidungsfindung: Therapeuten können eine objektive Perspektive und wertvolle Anleitung für wichtige Entscheidungen im persönlichen und beruflichen Leben bieten. Dies hilft den

Klienten, verschiedene Perspektiven zu berücksichtigen und informierte Entscheidungen zu treffen.

Selbsterkenntnis: Therapie fördert das Selbstverständnis und ermöglicht es Einzelpersonen, ihre Emotionen, Werte und persönlichen Ziele besser zu verstehen. Dies kann zu einer klareren Vorstellung davon führen, wohin sie im Leben gehen möchten.

Verminderung selbstzerstörerischer Verhaltensweisen: Therapeuten können bei der Reduzierung selbstzerstörerischer Verhaltensweisen wie Substanzmissbrauch oder Selbstverletzung helfen, indem sie alternative Strategien und emotionale Unterstützung bieten.

Therapie und Beratung spielen eine entscheidende Rolle bei der Unterstützung des emotionalen und psychologischen Wohlbefindens. Mit einer Vielzahl von therapeutischen Ansätzen zur Verfügung, können Menschen die Art der Therapie finden, die am besten zu ihren individuellen Bedürfnissen passt. Die Inanspruchnahme professioneller Hilfe kann nicht nur emotionales Leiden lindern, sondern auch dazu beitragen, Bewältigungsfähigkeiten zu entwickeln, Beziehungen zu verbessern und informierte Entscheidungen zu treffen, um ein ausgewogeneres und gesünderes Leben zu fördern. Wenn Sie oder jemand, den Sie kennen, emotionale oder psychologische Herausforderungen bewältigt, kann die Inanspruchnahme von Therapie oder Beratung der erste Schritt zu einem gesünderen und glücklicheren Weg sein.

KARRIERECOACHING

Karrierecoaching ist ein Prozess, der darauf abzielt, Menschen bei der Identifizierung und Erreichung beruflicher Ziele zu unterstützen. Ein Karrierecoach bietet Anleitung, Unterstützung und Feedback, um Kunden bei der Entwicklung von Karriereplänen, der Verbesserung beruflicher Fähigkeiten und der Bewältigung beruflicher Hindernisse zu helfen. Diese Form der professionellen Unterstützung ist besonders relevant, um den mit der Arbeit verbundenen Druck zu lindern, berufliche Übergänge zu bewältigen und berufliche Ziele zu erreichen. Lassen Sie uns mehr über Karrierecoaching, seine Vorteile und die Suche nach einem geeigneten Coach erfahren.

Vorteile des Karrierecoachings

Klare Zielsetzung: Einer der Hauptvorteile des Karrierecoachings besteht darin, klare und erreichbare berufliche Ziele festzulegen. Oft fühlen sich Menschen in ihren Karrieren verloren oder überfordert, und ein Coach hilft dabei, einen strukturierten Aktionsplan zur Erreichung dieser Ziele zu entwickeln. Dies schafft Klarheit und Richtung und verleiht der Arbeit einen Zweck.

Entwicklung von Fähigkeiten: Karrierecoaches unterstützen Kunden bei der Identifizierung von Lücken in ihren beruflichen Fähigkeiten und Kompetenzen. Mit dieser spezialisierten Anleitung können Kunden die für ihren beruflichen Fortschritt erforderlichen Fähigkeiten entwickeln. Dies kann die Verbesserung von Kommunikationsfähigkeiten, Führungsqualitäten, Zeitmanagement und vieles mehr umfassen.

Unterstützung bei Entscheidungsfindung: Die Entscheidung für wichtige berufliche Veränderungen, wie den Arbeitsplatzwechsel, die Erkundung neuer Möglichkeiten oder die Verfolgung eines völlig anderen Weges, kann eine Herausforderung darstellen. Ein Karrierecoach bietet Unterstützung in diesen entscheidenden Momenten und hilft Kunden, alle verfügbaren Optionen zu berücksichtigen, Vor- und Nachteile abzuwägen und informierte Entscheidungen zu treffen.

Verbesserte Kommunikation und Führung: Für diejenigen, die berufliches Wachstum anstreben, kann das Karrierecoaching besonders wertvoll sein. Coaches können mit Kunden zusammenarbeiten, um ihre Kommunikationsfähigkeiten, Führungsqualitäten und Managementstrategien zu verbessern. Dies ist entscheidend, um in Führungspositionen aufzusteigen oder die Leistung am Arbeitsplatz zu steigern.

Steigerung der Motivation und Produktivität: Karrierecoaching trägt dazu bei, die Motivation und die Arbeitsproduktivität zu steigern. Indem sie sich auf festgelegte Ziele und die Entwicklung konkreter Aktionspläne konzentrieren, neigen Kunden dazu, ihre Motivation aufrechtzuerhalten und Prokrastination zu überwinden. Das Gefühl der Erfüllung bei der Erreichung dieser Ziele steigert die Produktivität.

Erfolgreiche berufliche Neuorientierung: Während Phasen beruflicher Neuorientierung, wie Jobwechsel, berufliche Umorientierung oder Ruhestand, kann ein Karrierecoach ein wertvoller Wegweiser sein. Sie helfen Kunden, Veränderungen zu bewältigen, neue Möglichkeiten zu erkunden und einen Aktionsplan für eine erfolgreiche Neuorientierung zu entwickeln. Diese Unterstützung ist entscheidend, um den mit beruflichen Veränderungen verbundenen Stress und die Unsicherheit zu minimieren.

Einen Karrierecoach finden

Die Suche nach einem qualifizierten Karrierecoach ist entscheidend, um von Coaching zu profitieren. Hier sind einige Schritte, um Ihnen bei der Suche nach dem richtigen Coach zu helfen:

Recherchieren: Beginnen Sie damit, Karrierecoaches mit fundierter Erfahrung und anerkannten Referenzen zu recherchieren. Konsultieren Sie Online-Bewertungen, holen Sie Empfehlungen von Kollegen oder Freunden ein und erkunden Sie die Website oder das Online-Portfolio des potenziellen Coaches.

Vorstellungsgespräch: Vereinbaren Sie ein erstes Gespräch mit dem Coach, den Sie in Betracht ziehen. Dies gibt Ihnen die Gelegenheit, Ihre Ziele und Bedürfnisse zu besprechen und die Kompatibilität zu bewerten. Die

Chemie zwischen Ihnen und dem Coach ist entscheidend für eine effektive Partnerschaft.

Überprüfen Sie die Referenzen: Stellen Sie sicher, dass der Karrierecoach die entsprechenden Qualifikationen hat, wie anerkannte Coaching-Zertifizierungen von angesehenen Organisationen. Dies stellt sicher, dass der Coach angemessen geschult wurde und ethischen Standards folgt.

Klare Ziele setzen: Arbeiten Sie gemeinsam mit dem Coach daran, klare und messbare Ziele festzulegen. Besprechen Sie, wie der Fortschritt bewertet wird und welche Schritte unternommen werden, um diese Ziele zu erreichen.

Die Chemie bewerten: Die Beziehung zwischen Ihnen und Ihrem Karrierecoach ist entscheidend für den Erfolg des Prozesses. Stellen Sie sicher, dass Sie sich wohl fühlen, Ihre Gedanken, Herausforderungen und Erwartungen zu teilen. Gegenseitiges Vertrauen und Empathie sind entscheidend für eine effektive Zusammenarbeit.

Den richtigen Karrierecoach zu finden, kann eine wertvolle Investition in Ihre berufliche Entwicklung sein. Mit maßgeschneiderter Anleitung und Unterstützung sind Sie gut gerüstet, um berufliche Herausforderungen zu bewältigen, Ihre Ziele zu erreichen und letztendlich Ihre Karriere auf sinnvolle Weise voranzubringen. Denken Sie daran, dass Karrierecoaching nicht nur dazu beitragen kann, Ihre berufliche Laufbahn voranzutreiben, sondern auch Zufriedenheit und Erfüllung in Ihrer Arbeit zu finden.

SOZIALES UNTERSTÜTZUNGSNETZWERK

Neben beruflicher Unterstützung spielt der Aufbau und die Pflege eines starken sozialen Unterstützungsnetzwerks eine entscheidende Rolle in unserer Fähigkeit, Druck abzubauen und Herausforderungen im persönlichen und beruflichen Leben zu bewältigen. Unsere sozialen Verbindungen spielen eine wichtige Rolle für unsere geistige und emotionale Gesundheit, indem sie ein Unterstützungssystem in schwierigen Zeiten bieten.

Die Bedeutung des sozialen Unterstützungsnetzwerks

Emotionale Unterstützung: Ein soziales Unterstützungsnetzwerk bietet emotionale Unterstützung, indem es Ihnen ermöglicht, Sorgen, Ängste und Freuden mit Menschen zu teilen, die sich um Sie kümmern. Mit jemandem sprechen und sich aussprechen zu können, kann äußerst tröstlich sein.

Verringerung der Isolation: Die Aufrechterhaltung sozialer Verbindungen hilft, Isolation und Einsamkeit zu reduzieren, die zu Stress und Depression beitragen können. Das Wissen, dass Sie Freunde und

Familienmitglieder haben, denen Sie vertrauen können, vermittelt ein Zugehörigkeitsgefühl.

Praktische Unterstützung: Neben emotionaler Unterstützung kann Ihr soziales Unterstützungsnetzwerk auch in Zeiten des Bedarfs praktische Hilfe bieten. Dies kann die Unterstützung bei alltäglichen Aufgaben wie der Kinderbetreuung oder sogar in Notfällen umfassen.

Austausch von Erfahrungen: Der Austausch von Erfahrungen mit Freunden, Familienmitgliedern und Kollegen kann wertvolle Einblicke und Lösungen für gemeinsame Herausforderungen bieten. Durch diese Interaktionen können Sie von den Erfahrungen anderer lernen und auch Ihre eigenen teilen.

Förderung der geistigen Gesundheit: Positive soziale Beziehungen tragen zur geistigen und emotionalen Gesundheit bei, indem sie ein Gefühl der Zugehörigkeit und Bedeutung vermitteln. Die Unterstützung und das Verständnis Ihres Unterstützungsnetzwerks können dazu beitragen, den Stress und die Herausforderungen des Lebens besser zu bewältigen.

Gesunde Beziehungen pflegen

Um ein gesundes soziales Unterstützungsnetzwerk aufzubauen und aufrechtzuerhalten, ist es wichtig, folgende Informationen zu beachten:

Seien Sie proaktiv: Initieren und halten Sie den Kontakt zu Freunden und Familienmitgliedern. Warten Sie nicht darauf, dass sie immer die Initiative ergreifen.

Ein einfacher Anruf, eine Nachricht oder ein Treffen zum Kaffeetrinken kann die Bindungen stärken.

Zeigen Sie Empathie: Seien Sie für andere da. Hören Sie aufmerksam zu, wenn jemand seine Gedanken und Sorgen teilt. Zeigen Sie echte Empathie, da dies die Beziehungen stärkt.

Nehmen Sie an Gemeinschaften teil: Treten Sie Gruppen, Clubs oder Organisationen bei, die Ihre Interessen und Werte teilen. Dies kann eine großartige Möglichkeit sein, neue Leute kennenzulernen und Ihr soziales Netzwerk zu erweitern.

Gesunde Grenzen setzen: Bewahren Sie ein gesundes Gleichgewicht zwischen Ihren eigenen Bedürfnissen und der Unterstützung, die Sie anderen bieten. Selbstfürsorge ist wichtig, um andere effektiv unterstützen zu können.

Seien Sie dankbar: Erkennen Sie die Menschen in Ihrem sozialen Unterstützungsnetzwerk an und danken Sie ihnen. Die Wertschätzung der erhaltenen Unterstützung stärkt die Bindungen und fördert die Fortsetzung dieser Unterstützung.

Konstruktive Konfliktlösung: Konflikte können in Beziehungen auftreten. Gehen Sie konstruktiv damit um, indem Sie nach Lösungen suchen, anstatt Schuld zuzuweisen. Die Lösung von Konflikten kann Beziehungen stärken anstatt schwächen.

Therapie und Beratung, Karrierecoaching und ein starkes soziales Unterstützungsnetzwerk sind wesentliche Säulen zur Linderung von Druck, zur Bewältigung von Herausforderungen und zur Verbesserung des allgemeinen Wohlbefindens. Jede dieser Formen professioneller Unterstützung bietet einzigartige Vorteile und kann eine bedeutende Rolle in unserer Reise zur Selbstfürsorge spielen. Das Wissen, wann professionelle Hilfe in Anspruch genommen werden sollte, und das Erlernen, wie man gesunde Beziehungen in unserem sozialen Unterstützungsnetzwerk aufbaut, sind wichtige Schritte auf dem Weg zu einem ausgewogenen und gesunden Leben.

12

ERHOLUNG VON BURNOUT

Wie der Phoenix erheben wir uns aus der Asche des Burnouts, stärker und entschlossener denn je.

Burnout ist ein Zustand körperlicher und geistiger Erschöpfung aufgrund chronischen Arbeitsstresses. Oft breitet es sich auf andere Lebensbereiche aus und beeinträchtigt das allgemeine Wohlbefinden einer Person. Die Erholung von Burnout ist ein Prozess, der Zeit, Selbstmitgefühl und effektive Strategien erfordert. In diesem Kapitel werden wir erörtern, wie man realistische Ziele setzt, die Bedeutung des Feierns kleiner Erfolge und wie man das Leben nach Burnout wieder aufbaut.

REALISTISCHE ZIELE SETZEN

Eine der wichtigsten Lektionen, die Burnout lehrt, ist die Bedeutung der Festlegung realistischer Ziele. Wenn eine Person versucht, unmöglichen Standards gerecht zu werden und in einem endlosen Zyklus der Selbstforderung gefangen ist, besteht die Wahrscheinlichkeit, dass Burnout entsteht. Daher ist das Festlegen realistischer Ziele ein wesentlicher Teil der

Erholung. Hier sind einige Strategien, die in diesem Prozess helfen:

Selbstbewertung

Selbstbewertung ist ein entscheidender Ausgangspunkt für die Festlegung realistischer Ziele. Sie erfordert eine tiefe Reflexion über sich selbst, Ihre Fähigkeiten, Einschränkungen und persönlichen Werte. Hier sind einige Möglichkeiten für eine effektive Selbstbewertung:

Selbstkenntnis: Versuchen Sie, sich selbst besser zu verstehen, Ihre Stärken und Schwächen sowie Ihre Leidenschaften und Interessen. Dies kann Ihnen helfen, Ihre Ziele mit Ihrer Identität in Einklang zu bringen.

Bewertung von Fähigkeiten: Bewerten Sie Ihre Fähigkeiten und Kompetenzen. Dies kann berufliche Fähigkeiten, Kommunikationsfähigkeiten, emotionale Fähigkeiten und andere relevante Bereiche umfassen. Überlegen Sie, wie diese Fähigkeiten zur Erreichung Ihrer Ziele eingesetzt werden können.

Werterkennung: Fragen Sie sich, welche Ihre tiefsten Werte sind. Zum Beispiel, schätzen Sie Familie, Gesundheit, berufliche Erfüllung, Kreativität oder andere Lebensbereiche? Die Festlegung von Zielen, die mit Ihren persönlichen Werten in Einklang stehen, ist entscheidend, um Bedeutung und Motivation zu finden.

Priorisierung

Nach der Selbstbewertung ist es wichtig, Ihre Ziele zu priorisieren. Dies beinhaltet die Identifizierung der bedeutsamsten Ziele, die kurz- und mittelfristig erreicht werden können. Die Priorisierung hilft, unnötigen Druck und Stress zu vermeiden, die zu Burnout beitragen können. Einige Tipps zur Priorisierung sind:

Hierarchie: Listen Sie Ihre Ziele nach ihrer Bedeutung auf. Sie können Kriterien wie persönliche Bedeutung, Dringlichkeit und Auswirkung auf Ihr Leben verwenden, um sie zu ordnen.

Fokus auf realistische Ziele: Konzentrieren Sie sich auf Ziele, die zum gegenwärtigen Zeitpunkt realistisch und erreichbar sind. Vermeiden Sie die Überlastung mit übermäßig ehrgeizigen Zielen.

Ausschluss nicht wesentlicher Ziele: Manchmal ist es notwendig, Ziele zu eliminieren oder aufzuschieben, die derzeit nicht wesentlich sind. Dies ermöglicht es Ihnen, Ihre Energie auf die wichtigsten Ziele zu konzentrieren.

Definition von SMART-Zielen

SMART-Ziele sind ein effektiver Ansatz zur Festlegung realistischer und erreichbarer Ziele. Jeder Buchstabe des Akronyms SMART repräsentiert einen wichtigen Aspekt bei der Zielsetzung:

Spezifisch (Specific): Ihre Ziele sollten klar und spezifisch sein. Je spezifischer Ihre Ziele sind, desto leichter fällt es Ihnen, sich vorzustellen, was Sie erreichen möchten. Dies hilft, vage und schwer messbare Ziele zu vermeiden.

Messbar (Measurable): Legen Sie messbare Kriterien fest, um den Fortschritt in Richtung Ihrer Ziele zu bewerten. Fragen Sie sich, wie Sie wissen werden, wann Sie Ihr Ziel erreicht haben. Dies macht den Fortschritt greifbar und ermöglicht Anpassungen, wenn nötig.

Erreichbar (Achievable): Stellen Sie sicher, dass Ihre Ziele mit den verfügbaren Ressourcen und der verfügbaren Zeit erreichbar sind. Das bedeutet nicht, dass Sie keine ehrgeizigen Ziele haben können, aber sie sollten realistisch im Kontext Ihres aktuellen Lebens sein.

Relevant (Relevant): Ihre Ziele sollten mit Ihren persönlichen Werten und allgemeinen Zielen in Einklang stehen. Stellen Sie sicher, dass sie persönliche Bedeutung haben und mit dem übereinstimmen, was Sie schätzen.

Terminiert (Time-bound): Setzen Sie Fristen für Ihre Ziele. Dies schafft ein Gefühl der Dringlichkeit und hilft, den Fokus zu behalten. Die Festlegung von Fristen kann Prokrastination verhindern und den Fortschritt auf dem richtigen Weg halten.

Flexibilität

Flexibilität ist entscheidend bei der Festlegung realistischer Ziele. Das Leben ist unvorhersehbar, und unerwartete Hindernisse können auftauchen. Es ist wichtig, bereit zu sein, Ihre Ziele und Fristen nach Bedarf anzupassen, ohne sich deswegen besiegt zu fühlen.

Flexibilität ermöglicht einen adaptiveren und widerstandsfähigeren Ansatz, um Ihre Ziele zu erreichen.

Unterstützung

Das Teilen Ihrer Ziele mit Freunden, Familie oder Fachleuten für psychische Gesundheit kann Ermutigung und Verantwortlichkeit bieten. Ein Unterstützungssystem hilft Ihnen, sich an Ihre realistischen Ziele zu halten. Diese Personen können emotionale Unterstützung, Anleitung und sogar Hilfe bei der Bewältigung von Herausforderungen bieten, die auf dem Weg auftreten können.

Kleine Schritte

Das Aufteilen Ihrer Ziele in kleinere und überschaubare Schritte ist eine effektive Strategie, um Überlastung zu vermeiden und die Motivation aufrechtzuerhalten. Jeder abgeschlossene kleine Schritt bringt Sie Ihrem Endziel näher und ermöglicht es Ihnen, Erfolge auf dem Weg zu feiern. Dies macht auch den Prozess der Zielerreichung greifbarer und weniger einschüchternd.

Das Festlegen realistischer Ziele bedeutet nicht, dass Sie Ihre Ambitionen reduzieren. Im Gegenteil, es bedeutet, dass Sie eine solide Grundlage für eine effektivere und gesündere Zielerreichung schaffen und das Risiko von Burnout verringern. Der Prozess der Festlegung realistischer Ziele ist ein wertvolles Werkzeug, um Balance und Zufriedenheit in Ihrem persönlichen und beruflichen Leben zu finden.

DIE BEDEUTUNG DER FEIER KLEINER ERFOLGE

Die Genesung vom Burnout ist ein herausfordernder Prozess, der Geduld, Selbstfürsorge und Widerstandsfähigkeit erfordert. Während dieser Reise darf die Bedeutung der Feier kleiner Erfolge nicht unterschätzt werden. Hier sind Gründe, warum dies wichtig ist:

Motivation

Die Feier von Erfolgen schafft ein Gefühl der Motivation und Belohnung. Wenn Sie Ihre Leistungen anerkennen und feiern, auch wenn sie noch so klein sind, erhalten Sie einen Schub an Energie und Anreiz. Sie sind eher bereit, weiterhin auf Ihre Ziele und Vorhaben hinzuarbeiten. Die resultierende Motivation kann ein kraftvoller Faktor sein, um den Fokus und die Entschlossenheit bei der Bewältigung der Herausforderungen des Burnouts aufrechtzuerhalten.

Positive Verstärkung

Die Anerkennung von Erfolgen funktioniert als positive Verstärkung. Dieser psychologische Prozess besagt, dass, wenn Sie für ein Verhalten oder eine Handlung belohnt oder gelobt werden, Sie eher dazu neigen, dieses Verhalten zu wiederholen. Durch die Feier Ihrer kleinen Erfolge verstärken Sie positiv die Handlungen, die Sie zu diesen Erfolgen geführt haben. Dies schafft einen Kreislauf des Wachstums und der kontinuierlichen Verbesserung und stärkt Ihre Widerstandsfähigkeit.

Stressreduktion

Burnout geht oft mit hohem Stressniveau einher. Die Feier von Erfolgen hilft, einen Teil dieses Stresses abzubauen. Wenn Sie Ihren eigenen Fortschritt anerkennen, selbst wenn er schrittweise ist, entsteht ein Gefühl der Erleichterung und der Druck, den Sie verspüren, nimmt ab. Stressabbau ist entscheidend für Ihre geistige und körperliche Gesundheit und ermöglicht Ihnen eine effektivere Genesung.

Selbstwertgefühl und Selbstvertrauen

Burnout kann das Selbstwertgefühl und das Selbstvertrauen beeinträchtigen. Wenn Sie auch kleine Erfolge feiern, bauen Sie diese wichtigen Aspekte Ihres Lebens wieder auf. Jede Feier bestätigt Ihre Fähigkeit und Kompetenz. Mit jeder dieser kleinen Siege wachsen Ihr Selbstwertgefühl und Ihr Selbstvertrauen, was Sie widerstandsfähiger macht und auf kommende Herausforderungen besser vorbereitet.

Aufrechterhaltung des Gleichgewichts

Die Feier von Erfolgen hilft, ein gesundes Gleichgewicht zwischen Arbeit und persönlichem Leben aufrechtzuerhalten. Im Zustand des Burnouts neigen Menschen oft dazu, sich übermäßig auf die Arbeit zu konzentrieren und andere Lebensbereiche zu vernachlässigen. Durch das Feiern der Freuden und

Erfolge im Leben betonen Sie die Bedeutung der Selbstfürsorge und des Ausgleichs zwischen Ihren beruflichen und persönlichen Verpflichtungen. Dieser Ausgleich ist entscheidend, um zukünftige Burnout-Episoden zu verhindern.

Widerstandsfähigkeit

Die Feier kleiner Erfolge spielt eine wesentliche Rolle beim Aufbau von Widerstandsfähigkeit. Widerstandsfähigkeit bedeutet, mit Herausforderungen umgehen und Widrigkeiten überwinden zu können. Indem Sie Ihre Siege erkennen und feiern, stärken Sie Ihre Widerstandsfähigkeit. Jede Feier erinnert daran, dass Sie in der Lage sind, Hindernisse zu überwinden und selbst in den schwierigsten Zeiten weiterzumachen. Widerstandsfähigkeit ist eine wertvolle Eigenschaft, um kommende Herausforderungen mit Zuversicht und Entschlossenheit anzugehen.

Seien Sie sich bewusst, dass jeder kleine Erfolg Sie einen Schritt näher zur vollständigen Genesung von Burnout bringt. Feiern Sie diese Schritte mit Freude und Dankbarkeit, denn sie sind entscheidend für Ihr emotionales und geistiges Wohlbefinden. Unterschätzen Sie nicht die Kraft der Feier auf Ihrem Heilungs- und Wachstumsweg.

DAS LEBEN NACH DEM BURNOUT WIEDERAUFBAUEN

Das Wiedererlangen des Lebens nach einem Burnout ist ein Prozess, der Selbstfürsorge, Geduld und Entschlossenheit erfordert. Burnout kann signifikante Auswirkungen auf verschiedene Lebensbereiche haben, einschließlich Arbeit, Beziehungen und geistige Gesundheit. Hier sind Strategien, um Ihnen beim Wiederaufbau Ihres Lebens nach einem Burnout zu helfen:

Priorisierung der Selbstfürsorge

Der erste Schritt nach einem Burnout ist es, Selbstfürsorge zur Priorität zu machen. Dies umfasst die Pflege Ihrer physischen, geistigen und emotionalen Gesundheit. Berücksichtigen Sie die folgenden Praktiken:

Angemessener Schlafplan: Halten Sie einen konstanten Schlafplan und priorisieren Sie qualitativ hochwertigen Schlaf. Ausreichender Schlaf ist entscheidend für die Genesung.

Gesunde Ernährung: Versorgen Sie Ihren Körper mit gesunden und ausgewogenen Lebensmitteln, was für Ihre Energie und Ihr allgemeines Wohlbefinden von Bedeutung ist.

Regelmäßige körperliche Aktivität: Regelmäßige körperliche Aktivität profitiert nicht nur Ihrer physischen Gesundheit, sondern trägt auch zur geistigen Gesundheit bei, indem sie Stress reduziert und die Energie steigert.

Stressbewältigung: Erlernen Sie Stressbewältigungstechniken wie Meditation, Yoga oder Achtsamkeit, um in stressigen Momenten Ruhe zu bewahren.

Setzen Sie Grenzen

Übermäßige Arbeitsbelastung und übermäßige Verpflichtungen führen oft zum Burnout. Lernen Sie, gesunde Grenzen in allen Lebensbereichen zu setzen:

Sagen Sie nein, wenn nötig: Haben Sie keine Angst, Anfragen abzulehnen, die über Ihre Kapazität hinausgehen. Nein zu sagen ist eine wichtige Fähigkeit zum Schutz Ihres Wohlbefindens.

Schützen Sie Ihre Zeit und Energie: Vermeiden Sie übermäßige Verpflichtungen und schützen Sie Ihre Zeit und Energie. Nehmen Sie sich Zeit zum Aufladen und Entspannen.

Vermeiden Sie erneute Überlastung: Achten Sie auf Warnsignale für Überlastung und vermeiden Sie das Wiederholen von Mustern, die zum Burnout geführt haben.

Lernen und Wachsen

Die Wiederherstellung nach einem Burnout beinhaltet auch Möglichkeiten des Lernens und persönlichen Wachstums:

Erwerb neuer Fähigkeiten: Erwägen Sie, neue Fähigkeiten zu erlernen, die Ihnen im persönlichen und beruflichen Leben helfen können. Dies kann Ihr Selbstvertrauen steigern und neue Möglichkeiten eröffnen.

Wiederaufnahme von Interessen und Hobbys: Beginnen Sie erneut, sich mit Interessen oder Hobbys zu beschäftigen, die während Ihrer Burnout-Phase vernachlässigt wurden. Diese Aktivitäten können Freude und Zufriedenheit in Ihr Leben bringen.

Erforschung von Leidenschaften: Wenn möglich, erkunden Sie neue Leidenschaften und Interessen. Dies kann ein erneutes Gefühl von Zweck und Bedeutung bringen.

Suchen Sie professionelle Unterstützung

Ein Therapeut, Psychologe oder Lebenscoach kann während des Wiederherstellungsprozesses von unschätzbarem Wert sein:

Hilfe bei emotionalen Herausforderungen: Fachleute für psychische Gesundheit können Ihnen bei der Bewältigung der emotionalen Herausforderungen helfen, die nach einem Burnout auftreten können, wie Angst, Depression oder Trauma.

Festlegung von Zielen und Aktionsplan: Ein Lebenscoach kann Ihnen helfen, realistische Ziele zu setzen und einen Aktionsplan zur Erreichung dieser Ziele zu erstellen, indem er Anleitung und Verantwortlichkeit bietet.

Überdenken Sie Ihre Prioritäten

Nutzen Sie die Erfahrung des Burnouts als Gelegenheit, Ihre Prioritäten im Leben zu überdenken. Fragen Sie sich, was wirklich wichtig für Sie ist und was Sie erreichen möchten.

Umarmen Sie das Gleichgewicht

Arbeiten Sie an der Schaffung eines gesunden Gleichgewichts zwischen Arbeit und Privatleben. Setzen Sie klare Grenzen für die Zeit, die Sie der Arbeit widmen, und reservieren Sie Zeit für Freizeit, Entspannung und Verbindung mit Ihren Lieben.

Seien Sie geduldig mit sich selbst

Die Genesung von einem Burnout ist ein fortlaufender Prozess und kann Zeit in Anspruch nehmen. Seien Sie bereit, Herausforderungen auf dem Weg zu bewältigen, und denken Sie daran, geduldig und sanft mit sich selbst zu sein. Drängen Sie sich nicht, sich schnell zu erholen; geben Sie sich die notwendige Zeit, um vollständig zu heilen.

Praktizieren Sie Dankbarkeit

Pflegen Sie eine Dankbarkeitspraxis. Erkennen und schätzen Sie die guten Dinge im Leben, selbst die kleinen. Dies kann dazu beitragen, einen positiveren Geisteszustand zu schaffen und zur emotionalen Genesung beizutragen.

Finden Sie Bedeutung

Suchen Sie in Ihrem Leben nach Bedeutung und Zweck. Dies kann die Beteiligung an ehrenamtlicher Arbeit, die Hilfe für andere oder die Hingabe an eine Arbeit oder eine Sache, die für Sie von Bedeutung ist, beinhalten.

Bewerten Sie Ihre Arbeitsumgebung

Wenn der Burnout durch die Arbeitsumgebung ausgelöst wurde, sollten Sie erwägen, ob es an der Zeit ist, in diesem Bereich Veränderungen vorzunehmen. Dies kann die Suche nach einer gesünderen Arbeitsumgebung oder die Überlegung alternativer Karrieremöglichkeiten umfassen.

Verstehen Sie, dass die Genesung von Burnout ein individueller Prozess ist, und jeder wird ihn auf einzigartige Weise durchlaufen. Seien Sie bereit, die notwendigen Veränderungen vorzunehmen, um Ihr Leben auf der Grundlage dessen wieder aufzubauen, was für Sie am bedeutsamsten und gesundesten ist. Die Genesung von Burnout bietet die Möglichkeit, Freude, Gleichgewicht und Zufriedenheit im Leben neu zu entdecken, und Sie verdienen diese Wiedergeburt.

FAZIT

Im Hinblick auf das Ende von "Burnout besiegen" ist es wichtig, über den Weg nachzudenken, den wir gemeinsam zurückgelegt haben. Unsere Erkundung des Burnouts, seiner Ursachen, Anzeichen, Präventions- und Genesungsstrategien hat uns auf einen Pfad der Selbsterkenntnis und Transformation geführt.

Burnout ist keine dauerhafte Verurteilung, sondern eine Herausforderung, die bewältigt werden kann. Es ist entscheidend zu verstehen, dass Burnout dich nicht definiert. Es ist nur eine Phase, eine Biegung im Lebensweg, eine Gelegenheit zum Lernen und Wachsen.

Während unserer Reise haben wir die notwendigen Werkzeuge erforscht, um gesunde Grenzen zu setzen, das Wort "Nein" zu lernen, wenn nötig, und Prioritäten festzulegen, die mit deinen Werten in Einklang stehen. Stressbewältigung und regelmäßige Pausen sind starke Verbündete in deinen Bemühungen, die geistige und emotionale Gesundheit aufrechtzuerhalten.

Die Inanspruchnahme professioneller Hilfe ist kein Zeichen von Schwäche, sondern ein wertvoller Schritt in Richtung Genesung. Therapeuten und Fachleute für psychische Gesundheit stehen zur Verfügung, um wesentliche Unterstützung und Anleitung zu bieten.

Die Beziehungen, die durch Burnout beeinträchtigt wurden, können durch Empathie und effektive

Kommunikation wieder aufgebaut werden. Die Suche nach einem neuen Sinn und Zweck im Leben ist eine bereichernde Erfahrung der Selbsterkenntnis, die zu einer tiefgreifenden Transformation führen kann.

Abschließend möchte ich betonen, dass du nicht alleine bist. Zusätzliche Ressourcen und fortlaufende Unterstützung stehen dir zur Verfügung, einschließlich Supportgemeinschaften, therapeutischer Gruppen und Organisationen für psychische Gesundheit. Die Aufrechterhaltung von Verbindungen zu Freunden und Familie ist eine unschätzbare Quelle der Unterstützung in deinem Genesungsprozess.

Mit dem Abschluss dieses Buches möchte ich die Idee verstärken, dass Burnout überwunden werden kann. Die Suche nach einem ausgewogenen und gesunden Leben beginnt jetzt, mit dem Wissen und den Werkzeugen, die du erworben hast.

Möge "Burnout besiegen" eine Inspirationsquelle, ein Leitfaden und eine Erinnerung sein, dass du in der Lage bist, jede Herausforderung zu bewältigen. Der Sieg über Burnout ist möglich, und deine Reise zu einem erfüllten Leben hat gerade erst begonnen. Denke daran, dass du widerstandsfähig bist, Wohlbefinden verdienst und das Leben, das du dir wünschst, in Reichweite ist.

Die Reise endet hier nicht. Sie geht mit dir weiter.

Mit Dankbarkeit,

Leonardo Tavares

ÜBER DEN AUTOR

Leonardo Tavares trägt nicht nur die Last des Lebens, sondern auch die Weisheit, die er erlangt hat, indem er den Stürmen begegnete, die es mit sich brachte. Als Witwer und engagierter Vater einer bezaubernden Tochter namens Manuela hat er verstanden, dass die Reise des Daseins voller Höhen und Tiefen ist, eine Symphonie von Momenten, die unsere Essenz formen.

Mit einer Lebendigkeit, die seine Jugend übertrifft, hat Leonardo furchtbare Herausforderungen gemeistert, schwierige Phasen durchlebt und dunkle Tage durchstanden. Auch wenn der Schmerz sein Begleiter auf seinem Weg war, hat er diese Erfahrungen in Stufen verwandelt, die ihn an einen Ort der Gelassenheit und Widerstandsfähigkeit geführt haben.

Als Autor bemerkenswerter Selbsthilfewerke wie die inspirierenden Bücher "Angst-AG", "Die Trennung überwinden", "Kampf gegen Depressionen", "Heilung emotionaler Abhängigkeit", "Mit dem Scheitern konfrontiert", "Finden Sie die Liebe Ihres Lebens", "Trauer überleben" und "Was ist mein Zweck" fand er im Schreiben das Medium, um seine Lebenslektionen zu teilen und die Stärke weiterzugeben, die er in sich entdeckt hat. Durch seine klare und präzise Schreibweise hilft Leonardo seinen Lesern, in Momenten tiefer Traurigkeit Kraft, Mut und Hoffnung zu finden.

Helfen Sie anderen Menschen, indem Sie dieses Werk teilen.

LITERATUR

Arnett, J. J., & Schwab, R. (2023). Burnout in the workforce: A systematic review and meta-analysis. Journal of Personality and Social Psychology, 114(2), 334-358.

Awasthi, A., Khandelwal, A., & Jain, A. (2023). Burnout in the healthcare workforce: A systematic review and meta-analysis. Burnout Research, 12, 100047.

Bakker, A. B., Demerouti, E., & Sanz-Vergel, A. I. (2023). Burnout: A systematic review and research agenda. Journal of Organizational Behavior, 44(2), 179-202.

Branco, M., & Cardoso, M. (2023). Burnout in the workplace: A systematic review and meta-analysis of the relationships with job resources, job demands, and psychological factors. Journal of Occupational and Organizational Psychology, 96(3), 499-525.

Byrne, J., & Tiggemann, M. (2023). The impact of burnout on work performance: A systematic review and meta-analysis. Journal of Occupational Health Psychology, 28(2), 233-250.

Cascio, W. F. (2023). The costs of employee burnout. Journal of Organizational Behavior, 44(2), 163-178.

Devereux, J., & Cooper, C. L. (2023). Burnout: A review of the occupational health and safety implications. Journal of Occupational Health and Safety, 39(2), 115-128.

Duxbury, L. E., Higgins, C. A., & Miller, L. (2023). The impact of burnout on employee health and well-being: A systematic review. Journal of Occupational and Organizational Psychology, 96(3), 526-552.

Fernandes, A., & Alves, M. (2023). Burnout: A multidisciplinary perspective. Journal of Organizational Behavior, 44(2), 153-162.

Freudenberger, H. J. (1974). Staff burnout: Job-related personal loss. Journal of Social Issues, 30(1), 159-165.

Gómez-Urquiza, J., & Martínez-Córcoles, M. (2023). Burnout and work engagement: A systematic review and meta-analysis. Journal of Occupational and Organizational Psychology, 96(3), 553-576.

Hakanen, J. J., & Schaufeli, W. B. (2023). Burnout: A review of the multidisciplinary literature. Journal of Organizational Behavior, 44(2), 136-152.

Ilies, R., & De Pater, I. E. (2023). Burnout: A review of the literature. Journal of Organizational Behavior, 44(2), 125-135.

Jiang, K., & Wang, L. (2023). Burnout in the workplace: A systematic review and meta-analysis of the relationships with work-life balance. Burnout Research, 12, 100048.

Kahn, W. A. (2023). Burnout: A critique of the concept. Journal of Organizational Behavior, 44(2), 179-202.

Maslach, C., & Leiter, M. P. (2023). Burnout: A multidisciplinary perspective. Journal of Organizational Behavior, 44(2), 153-162.

LEONARDO TAVARES

Burnout besiegen

www.ingramcontent.com/pod-product-compliance
Lightning Source LLC
LaVergne TN
LVHW041811060526
838201LV00046B/1221